Stephan Volke

Das Glück ist wie ein Schmetterling

Stephan Volke

Das Glück ist wie ein Schmetterling

Sieben Geheimnisse glücklicher Menschen

BRUNNEN
VERLAG GIESSEN · BASEL

www.brunnen-verlag.de
Lektorat: Ralf Tibusek
Umschlagfoto: Getty Images, München
Umschlaggestaltung: Georg-Design, Münster
Satz: DTP Brunnen
Herstellung: Graphische Großbetriebe, Pößneck
ISBN 3-7655-1879-4

Inhalt

Vorwort

„Ich will einfach glücklich sein!"

„Sind Sie *wirklich* glücklich?" Als ich diese Frage gestellt bekam, durchzuckte es mich wie ein Blitz. „Natürlich", heuchelte ich, aber gleichzeitig lief vor meinem inneren Auge ein regelrechter Film ab mit all den Dingen, die mir noch zum Glück fehlten. Vielleicht hätte ich damals dem Fragesteller antworten sollen: „Nun, ich bin zufrieden."

Hätte die Frage gelautet: „Haben Sie Glück?", wäre die Antwort ehrlicher ausgefallen, denn oft habe ich keins. Wobei es sehr stark darauf ankommt, welcher Lebensbereich gemeint ist. Zum Beispiel haben wir in der Familie noch nie „Losglück" gehabt. Während andere bei den verschiedenen Tombolas im Kindergarten, in der Schule oder im Verein regelmäßig die besten Preise abräumen und mit dem „Ultra-Hometrainer", den Heißluft-Ballon-Rundflügen, dem 14-tägigen kostenlosen Urlaub in der Sonne oder mit einem Stereo-Fernseher mit Black-Trinitron-Röhre und Mega-Flat-Bildschirm mit 75 cm Diagonale glücklich nach Hause marschieren, haben wir es – wenn überhaupt – mal wieder nur zu Trostpreisen geschafft: Das Bleistift-Set mit Werbung von der Müllabfuhr, eine neuwertige (aber leider nicht mehr ganz vollständige, weil gebrauchte) elektrische Zitronenpresse, das Sechser-Bierglas-Set für die fünfjährige Tochter, drei Skat-Stöcke, obwohl wir keine Karten spielen.

Das muss wohl in der Familie liegen, denn von einem meiner Vorfahren fand ich im Nachlass einen Brief an ein Versandhaus, in dem er sich beschwerte, dass es doch wohl nicht mit rechten Dingen zugehen könne, dass er niemals gewinnt, obwohl er seit 20 Jahren regelmäßig an diversen Verlosungen teilnimmt.

In unserer Beziehung zueinander haben meine Frau und ich in fast 20 Jahren Ehe bisher mehr Glück als Pech gehabt. Auch tragen unsere vier Kinder dazu bei, dass wir mit dem Begriff „Glück“ durchaus etwas anfangen können. Ebenfalls können wir uns glücklich schätzen, viele Menschen zu unseren Freunden zählen zu dürfen.

Aber eigentlich machen wir uns die meiste Zeit gar keine Gedanken darüber, ob wir glücklich sind oder nicht. Mit dem Glück ist es wohl so wie mit dem Atmen. Da fällt es uns erst in Atemnot auf, dass wir frischen Sauerstoff zum Leben brauchen. Viele Menschen beschäftigen sich erst mit dem Thema „Glück“, wenn ihnen bewusst wird, dass sie schon eine geraume Zeit keins mehr erlebt haben oder aber grundsätzlich unglücklich sind. Vielleicht befinden sie sich z.B. gerade in einer Phase, in der Trauer durchlebt wird. Da fällt es sehr schwer, glücklich zu sein.

Ich habe einige Situationen in meinem Leben durchstehen müssen, in denen ich absolut davon überzeugt war, niemals mehr glücklich zu werden und niemals mehr lachen zu können. Dass ich mich da kräftig geirrt habe, zeigt dieses Buch.

Glück ist für jeden etwas anderes, aber eine Aussage trifft auf alle Menschen zu: Wir wollen einfach glücklich sein! Und unser starkes Sehnen danach ist ein Beweis dafür, dass es das Glück auch tatsächlich gibt. Anscheinend sind wir Menschen so beschaffen, dass wir uns nach den Dingen sehnen, die wir nicht haben. Denn wir wissen genau, dass es sie gibt oder irgendwo geben muss. Und so sehnen wir uns nach Glück, weil wir tief in unserem Herzen wissen, dass es das auch für uns geben wird – und nicht nur für die anderen.

Nur versteht jeder etwas anderes unter „Glück“. Die einen sind glücklich, wenn sie einen freien Nachmittag ohne jegliche Verpflichtungen verbringen können.

Die anderen geraten dabei in Panik – aus Angst vor Langeweile. Manche sind glücklich, wenn sie der Chef lobt, weil sie ihre Jahresziele erreicht haben. Wieder andere empfinden höchste Glücksgefühle, wenn sie den „inneren Schweinehund“ und die Angst besiegt haben und schließlich nach einem 20 Meter-

Sturz sicher an einem Bungee-Seil freischwebend unter einer Brücke hängen.

Manche sind stark beziehungsorientiert und deshalb glücklich, wenn sie mit möglichst vielen Leuten, die sie mögen, zusammen sein können.

Es gibt viele verschiedene Situationen, Glück zu erleben. Doch das gilt genauso für das „Unglücklich sein“. Manche Dinge sind grenzüberschreitend, wie z.B. Schokolade essen. Es ist wissenschaftlich nachgewiesen worden, dass Schokolade im Körper des Menschen für Glückshormone sorgt. Nebenbei bringt dieses Vergnügen aber einige Nebenwirkungen mit sich, die viele Menschen unglücklich machen, vor allem, wenn sie auf der Waage stehen.

Ein spannendes Thema mit vielen verschiedenen Aspekten. Gehen wir also gemeinsam auf die Suche nach dem Glück. Beschäftigen wir uns ein wenig mit uns selbst, mit anderen Menschen, mit verschiedenen Lebenssituationen und mit einem Gefühl, das wir am liebsten beibehalten würden, wenn es uns mal ereilt hat. Der englische Schriftsteller G.K. Chesterton, der mit der Figur des Pater Brown einen literarischen Glücksgriff getan hat, meinte in seinem Buch über Robert C. Stevenson über das Glück: „Wenn die Menschen in der Jagd nach Glück eine Pause einlegen, um sich ernsthaft ein Bild vom Glück zu machen, malen sie stets ein Bild, das man als ‚simpel‘ oder ‚einfach‘ bezeichnen kann. Sie streben den komplizierten Dingen nach, aber sehnen sich nach Einfachheit. Sie versuchen, Könige zu sein, aber sie träumen eigentlich davon, sie wären Hirten.“

Haben wir einen Hang zum Komplizierten? Liegt das Glück vielleicht für jeden von uns auf der Straße, aber wir schauen nur nach oben und finden es deshalb nicht? Sind unsere Maßstäbe vielleicht so hoch, dass wir gar nicht die vielen Situationen erkennen, in denen wir glücklich sein könnten?

In diesem Buch nehme ich Sie mit auf eine kleine Entdeckungsreise zum Glück. Denn das Glück spielt ganz offensichtlich eine wichtige Rolle in unserem Leben. Ich möchte Sie einladen, mir auf dem Weg zum Glück zu folgen. Wir werden unterschiedliche Bereiche beleuchten. Jeder von ihnen hängt nämlich mit Beobachtungen zusammen, die ich als Autor und Journalist gemacht habe.

Ja, Sie haben richtig gelesen, hier schreibt kein Psychologe, kein Wissenschaftler, kein Astrologe, kein Theologe und auch kein Philosoph. Ich bin ein Laie, der sich mit Ihnen gemeinsam auf den Weg zum Glück macht und Sie dabei auf den einen oder anderen Schmetterling am Wegesrand aufmerksam machen wird, der zu Ihrem Lebensglück beitragen kann. Als Journalist bin ich es gewohnt zu recherchieren, zu bewerten, auszuwählen, Fakten, Emotionen, Einstellungen in Erfahrung zu bringen, die dann ein neues Bild ergeben oder ein neues Licht auf ein Thema werfen.

Als ich vor kurzem mit einem Freund über „Glück" sprach, hatte ich einen lyrischen Moment. Ich formulierte: „Glück kann man nicht erzwingen. Es kommt oft wie ein Überraschungsgast, steht plötzlich vor der Tür, hält sich nur kurze Zeit bei uns auf und verschwindet schnell wieder. Bis es dann – vielleicht schon bald, vielleicht auch erst viel später – wieder vor der Tür steht und um Einlass bittet."

Seine Gegenrede kam prompt: „Glück ist ein Familienmitglied, das einen nur von Zeit zu Zeit mal verlässt, um woanders neue Erfahrungen zu sammeln. Wenn es zurück kommt, erfrischt es uns neu und bereichert unser Leben. Und wir werden uns fühlen, als wenn es die ganze Zeit bei uns gewesen wäre."

Glück muss man haben

Irgendwo auf der Welt
gibt's ein kleines bisschen Glück
und ich träum davon in jedem Augenblick.
Wenn ich wüsst', wo das ist,
ging ich in die Welt hinein,
denn ich möcht' einmal recht
so von Herzen glücklich sein.
Irgendwo auf der Welt
fängt mein Weg zum Himmel an,
irgendwo, irgendwie, irgendwann.

COMMEDIAN HARMONISTS

Den vielleicht ersten *glücklichen Moment* in meinem Leben habe ich selbst überhaupt nicht wahrgenommen. Ich kann mich beim besten Willen nicht mehr daran erinnern, aber einige Schwarzweiß-Fotografien in meinem Familienalbum zeigen deutlich, dass es so gewesen sein muss. Dem Gesichtsausdruck nach zu urteilen, hatte ich kurz vorher die Brust oder das Fläschchen genossen, die Windel wird auch trocken gewesen sein und ich lag in den Armen meiner Mutter, die mir über die Stirn streichelte. Ich hatte alles, was zu einem glücklichen Baby gehörte.

An eine Situation, in der ich mächtig *Glück gehabt* habe, kann ich mich dagegen sehr gut erinnern: Ich war mit dem Auto in England unterwegs und hatte offensichtlich nicht nur Probleme mit dem Linksfahren, sondern auch mit einigen Verkehrsschildern. Jedenfalls fuhr ich in eine Straße hinein, wunderte mich zwar ein bisschen, dass dort relativ viele Menschen mitten auf der Fahrbahn liefen, fuhr aber trotzdem weiter. Nach ca. 500 Metern sprang vom Straßenrand ein englischer Polizist (mit dem markanten halbrunden Helm auf dem Kopf) vor mein Auto und brachte es zum Stillstand. Als ich die Fensterscheibe öffnete, fragte er mich, ob ich nicht wüsste, wo ich mich befände? Ich sagte, ich wäre hier in Oxford und wolle auf die nächste Querstraße. An seiner gerunzelten Stirn wusste ich, dass das nicht die 16.000-Euro-Antwort war. Er machte mir klar, dass ich mich mitten in einer Fußgängerzone befand. Ich hatte kein Schild gesehen, aber das schien ihn nicht zu beeindrucken. Er fragte mich, was ein solches Vergehen denn in Deutschland kosten würde. Jetzt runzelte ich die Stirn, aber er half mir schnell auf die Sprünge, als er sagte: „Bei uns hier kostet das 400 Pfund." Und das britische Pfund wiegt leider etwas mehr als der Euro.

Jetzt entglitten mir alle Gesichtszüge. Das muss wohl einen so starken Eindruck auf ihn gemacht haben, dass er durch das Fenster leicht auf meine Schulter klopfte und mit dem freundlichsten aller Polizistengesichter meinte: „Aber für Dich ist das heute kostenlos!" Glück gehabt!

Diese beiden Erlebnisse beschreiben sehr gut, was wir meinen, wenn wir vom Glück sprechen. Die deutsche Sprache ist nicht klar genug, denn der Begriff „Glück" hat eine doppelte Bedeutung. Zum einen meinen wir „Glück empfinden", zum anderen „Glück haben". In anderen Sprachen ist der Unterschied zwischen „Glück haben" und „glücklich sein" deutlicher. Die Engländer sagen „luck", wenn sie davon sprechen, dass das Leben uns begünstigt und wir Glück haben, während sie für „glücklich sein" das schöne Wort „pleasure" erfunden haben. In Frankreich heißt das Glück „chance" und glücklich sein ist „plaisir". Und die alten Römer sagten lateinisch für Glück „fortuna", und wenn sie glückliche Momente erlebten, nannten sie das „felicitas".

Wer in England dauerhaft im Glück ist, erlebt „happiness", während er in Frankreich von „bonheur" spricht. Nur die deutsche Sprache macht es sich einfach: Glück ist Glück ist Glück …

Im 12. Jahrhundert – so haben Sprachforscher herausgefunden – gab es ein Wort, das „Gelucke“ hieß. Die mittelhochdeutsche Sprache kannte das Wort „Gelücke“. Und wie das so ist, scheinen auf dem Weg in die Neuzeit zwei „e“ unterwegs verloren gegangen zu sein.

„Gelücke“ hat einen nahen Verwandten, nämlich das Verb „gelingen“. Auf diesem Hintergrund betrachtet heißt „Glück“ ursprünglich, dass etwas gelungen ist oder leicht erreicht wurde.

Drehen wir das Zeitrad noch ein wenig weiter zurück, dann entdecken wir in der Antike bei Platon, Aristoteles und Seneca den Begriff „Glück“ als ausgewogene Balance zwischen guten und schlechten Erfahrungen oder glücklichen und unglücklichen Zeiten.

Es ging ursprünglich also nicht um ein Gefühl oder eine Empfindung, sondern um einen Zustand.

Ganz anders sind die Erfahrungen vieler Menschen unserer Zeit, die oft Glücksmomente bereits für Glück halten und alles tun, um dieses Gefühl immer wieder zu erleben. Und wenn man dem Volksmund Glauben schenkt, sollten wir bei unserer Beschäftigung mit dem Glück nicht zu tief schürfen. „Die dümmsten Bauern haben die dicksten Kartoffeln“, heißt es da.

Viele Menschen halten Glücksmomente bereits für Glück.

Zu allen Zeiten haben Menschen versucht, ihr Leben in glückliche Bahnen zu lenken. In fast jedem Kulturkreis gibt es Glücksbringer, Amulette oder Talismane. Heidnische Rituale wie zum Beispiel das Klopfen auf Holz sollen das Unglück fernhalten. Bisher ist nicht bekannt, wie viele Menschen sich im Laufe der Jahrhunderte dabei den Fingerknöchel gebrochen haben, denn das wäre ein eindeutiger Beweis, das so etwas nicht funktioniert. In manchen Kulturen spielen Baumgötter oder Götzenbilder eine große Rolle.

Um Unglück fernzuhalten, vermischen viele Menschen die Religionen und meinen, von jeder etwas würde sie zu ewigem Glück bringen.

Der Aberglaube hat bei vielen Menschen Einzug gehalten, auch wenn sie es vielleicht nicht zugeben. Ob an einem Freitag, dem 13., Verträge unterzeichnet werden sollen oder nicht, ob man dem Schornsteinfeger am Silvestertag begegnet oder eine schwarze Katze von links nach rechts über die Straße läuft: Es ist manchmal schon abenteuerlich, welche Glücks- oder Unglücksbringer herangezogen werden, wenn es um das persönliche Wohlbefinden geht. In manchen Hotels gibt es keinen dreizehnten Stock. Nur beim dreizehnten Monatsgehalt hört der Spaß dann auf, denn das nehmen wir gerne mit. Aber die Wirtschaftssituation in Deutschland hat jetzt dafür gesorgt, dass viele Menschen auch darauf zu verzichten lernen.

Überall findet man Rituale und Aberglauben, um das Glück für sich zu vereinnahmen. Im Sport ist es besonders ausgeprägt und gipfelte in der Fußballbundesliga schließlich darin, dass ein Fan einer gegnerischen Mannschaft vor einigen Jahren in der Hamburger AOL-Arena eine Voodoo-Puppe mit dem Konterfei des Hamburger Trainers im Rasen vergraben hat. Der HSV gewann trotzdem – und der Zauber war schnell vorbei.

Weit verbreitet ist auch die Ansicht, dass es „Glückspilze“ und „Pechvögel“ gäbe, und man aus seiner Kategorie nie wieder herausfindet, wenn man sich einmal darin festgesetzt hat. Manche bemühen in der Beurteilung ein „Glücks-Gen“, das man eben habe oder nicht. Wenige Sekunden Glück oder Unglück können manchmal über Leben und Tod entscheiden.

So berichtet zum Beispiel der britische Wissenschaftler Richard Wiseman in seinem Buch „So machen Sie Ihr Glück“ eine wirklich tragische Geschichte:

„Der zweiundzwanzigjährige Bademeister mit dem leider völlig unangebrachten Namen Jason Luck (engl. für „Glück“) hatte eine kaum fassbare Pechsträhne, die ihn schließlich das Leben kostete. Sie begann

damit, dass er sich auf einer alltäglichen Bahnfahrt versehentlich an die einzige defekte Waggontür lehnte und aus dem fahrenden Zug fiel. Unglücklicherweise ereignete sich dieses Missgeschick gerade in dem Moment, als der Zug eine schmale Brücke passierte, sodass der junge Mann zwanzig Meter in die Tiefe stürzte. Zum Glück dauerte es nicht lange, bis ein Rettungswagen zur Stelle war und ihn rasch ins nächste Krankenhaus einlieferte. Dort war es wiederum schieres Pech, dass Jason durch eine Verkettung von unglücklichen Umständen aus einem offenen Fenster im dritten Stock fiel. Dieser Sturz hatte wesentlich schlimmere Folgen als der erste, denn Jason war nun gelähmt und musste an eine Herz-Lungen-Maschine angeschlossen werden. Die Chancen, sich von seinen Verletzungen zu erholen, wären nach Auskunft der Ärzte trotzdem nicht schlecht gewesen – wenn er nicht in der Nacht ein weiteres Mal Pech gehabt hätte: Ein Schlauch an der Herz-Lungen-Maschine löste sich. Zwar war die Krankenstation mit einem Warnsystem ausgerüstet, das bei solchen Fehlfunktionen automatisch Alarm auslöste, doch hatte Jason Luck das Pech, an einen defekten Apparat angeschlossen zu sein, dessen Alarmsystem versagte. So endete schließlich seine Pechsträhne – und mit ihr sein Leben.“

So richtig Pech hatte ein deutlich untalentierter Bankräuber in Süddeutschland, von dem die Unternehmensberaterin Hedwig Kellner berichtete: Der Mann wollte sein mit unlauteren Mitteln erwirktes finanzielles Glück bis in die Details vorausplanen. Er beobachtete tagelang eine abgelegene Sparkassenfiliale um herauszufinden, wann Filialleiter und Angestellte das Objekt betraten oder verließen. Ebenfalls fertigte er Pläne von allen Straßen und Fußwegen der Nachbarschaft an und notierte, wann der Linienbus, die Müllabfuhr und die Zeitungsfrau vorbeikamen. Als er schließlich alles über seinen zukünftigen Tatort und den Fluchtweg an Informationen zusammen hatte, zog er sich in sein Kämmerlein zurück und heckte sorgfältigst einen 150%-Top-Turbo-Intelligenz-Plan aus. Auf die Minute genau war festgelegt, wann er vor der Bank erscheinen, die Tür aufreißen, den Raum stürmen, das Geld grapschen und mit dem Fluchtauto davonbrausen musste. Jeder Meter des Fluchtweges war bedacht. Ein perfektes Alibi, ein unauffindbares Versteck für die Geldsäcke und eine Strategie zur Nutzung der Beute rundeten das Meisterwerk an Planung ab.

So viel Sorgfalt hatte einen entscheidenden Nachteil: Sie brauchte Zeit. Unser Stratege erlebte eine böse Überraschung. Als er am Tage X zum Tatort eilte, gab es an der Stelle keine Sparkasse mehr. Dort waren eine Baustelle und ein großes Schild: „Wir bauen um!“ *(Kellner: Die Posträuber-Methode)*

Andere Menschen haben ein solches Glück im Leben, dass man es kaum fassen kann. Der Amerikaner John Woods ist Seniorpartner in einer großen Anwaltskanzlei in New York, die ihr Büro im World Trade Center hatte. Als 1993 das WTC Ziel eines Bombenattentats war, hielt John sich gerade im neununddreißigsten Stockwerk auf. Er entkam unverletzt. Den Anschlag vom 11. September 2001 überlebte er, weil er sein Büro in einem der Zwillingstürme Sekunden vor dem Einschlag des Flugzeugs verlassen hatte. Doch diese beiden Ereignisse waren nicht die einzigen Male, dass John mit dem Leben davon kam. 1988 hatte er bereits einen Platz an Bord der PanAm-Maschine gebucht, die wenig später über Lockerbie in Schottland explodierte. Er hatte sich zu einem Büroempfang überreden lassen und so den Platz kurzfristig storniert. *(The Fortean Times, Dez. 2001, S. 6)*

Es gibt unzählige Geschichten, wie sich „Entscheidungen aus dem Bauch heraus" plötzlich als glücklich herausstellen. Jeder hat sicher seine eigenen Erlebnisse, ob positiv oder negativ.

Das überraschende Glück der einen kann sich auch manchmal zum ausgesprochenen Pech der anderen entwickeln. Ein echter „Schlag ins Wasser“ war die Aktion, die ein Tankstellenbesitzer in der Normandie veranstaltete. Er brauchte für seinen Betrieb mehr Wasser und beauftragte deshalb einen Rutengänger nach einer Quelle auf dem Gelände zu suchen. Der Mann ging in der üblichen Weise vor und gab die Stelle an, wo gebohrt werden musste. Wie vorausgesagt, schoss das Wasser in einem starken, gleichmäßigen Strahl aus der Erde. Welch ein Glück! Nun, leider nicht für alle, denn 28 Haushalte am Rand der Ortschaft hatten erst am nächsten Tag wieder Wasser, nachdem das Loch im Hauptrohr der Wasserleitung geflickt worden war. (Readers Digest 11/55).

Können wir das Glück beeinflussen oder ist es wie ein Schmetterling, dem wir ein ganzes Leben lang nachjagen, der sich aber erst dann von selbst in unsere Nähe begibt, wenn wir endlich aufhören, ihm ständig mit dem Netz aufzulauern?

Können wir das Glück beeinflussen oder ist es wie ein Schmetterling, dem wir ein ganzes Leben lang nachjagen, der sich aber erst dann von selbst in unsere Nähe begibt, wenn wir endlich aufhören, ihm ständig mit dem Netz aufzulauern?

Was ist Glück? Das Lexikon definiert es so: *Glück ist die komplexe Erfahrung der Freude angesichts der Erfüllung von Hoffnungen, Wünschen, Erwartungen, des Eintretens positiver Ereignisse, Eins-Sein des Menschen mit sich und dem von ihm Erlebten. Glück beinhaltet sowohl günstige Fügung der Geschehnisse, des Schicksals („Glück haben") als auch den Zustand des Wohlbefindens, der Zufriedenheit mit dem eigenen Leben („glücklich sein").*

Oder darf es noch ein bisschen abstrakter sein? „Glück = günstige Fügung als Schicksal; der daraus erwachsene Erfolg; Gemütszustand innerer Befriedigung u. Hochstimmung bes. nach Erfüllung ersehnter Wünsche; günstiger Zufall." *(Wahrig Deutsches Wörterbuch)*

In dem von der Partei diktierten DDR-Lexikon war Glück definiert als *„gehobene innere Zufriedenheit über gute Taten und fortschrittliche Leistungen"*.

Da formulieren es die Dichter doch etwas bodenständiger: *„Was ist Glück? Eine Grießsuppe, eine Schlafstelle, gute Freunde und* *keine Zahnschmerzen; das ist schon viel.*", lässt Theodor Fontane seine Leser wissen. Und der Engländer George Bernard Shaw definiert: „*Glück ist der Stuhl, der plötzlich dasteht, wenn man sich zwischen zwei andere setzen wollte.*"

Nun, Sie haben gemerkt, dass das Glück uns sehr nahe kommt, weil wir viele der Aussagen nachvollziehen können. Wir schmunzeln vielleicht, schütteln an manchen Stellen den Kopf, sind vielleicht sogar irritiert, aber das Glück lässt keinen von uns kalt. Wir streben danach und wollen einfach glücklich sein.

Wir werden auf unserer Reise zu den sieben Geheimnissen glücklicher Menschen nicht umhin kommen, uns mit den beiden Aspekten des Glücks zu beschäftigen: dem „Glücklich sein" und dem „Glück haben". Denn beides ist gleich wertvoll für unser Leben und beides ist erstrebenswert, auch wenn die Wege vielleicht etwas holpriger sind als wir gedacht haben.

Was ist für Sie persönlich Glück? Ein gutes Gefühl, der Zustand voller Zufriedenheit, reiner Zufall, das Gegenteil von Pech, eine unerfüllte Sehnsucht, eine Sucht oder die blanke Theorie? So viel sei Ihnen zu Beginn dieses Buches schon einmal verraten: Bei meinen Recherchen habe ich herausgefunden, dass das Glück mehr mit uns selbst und unserer Einstellung zum Leben zu tun hat, als uns vielleicht bewusst und manchmal vielleicht sogar lieb ist.

Auch wenn glücklich sein für jeden etwas anderes bedeuten kann, es gibt doch einige Verhaltensweisen oder auch Kernpunkte, die auf die meisten glücklichen Menschen zutreffen: Glückliche Menschen konzentrieren sich nicht auf das Glück, sondern sie leben einfach und das Glück gesellt sich zu ihnen.

Glückliche Menschen konzentrieren sich nicht auf das Glück, sondern sie leben einfach und das Glück gesellt sich zu ihnen.

Glückliche Menschen investieren anstatt nur zu nehmen, sie setzen sich Ziele und blicken positiv in die Zukunft. Sie haben auch gelernt, mit ihrer Vergangenheit umzugehen, haben Werte für ihr Leben gefunden, achten auf ihre Beziehungen und pflegen sie. Und sie wissen, dass es im Leben darauf ankommt, reich zu werden. Sie haben eine bewusste Entscheidung für das Leben getroffen und ihre Beziehung zu Gott geklärt. Alle diese Aspekte werden wir auf unserer Reise berücksichtigen.

Wie wichtig die eigene Einstellung zum Leben und die Interpretation der Erlebnisse sind, verdeutlicht zum Schluss dieses Kapitels folgende Geschichte:

Ein chinesischer Bauer hatte einen einzigen Sohn und ein einziges Pferd. Eines Tages lief das Pferd davon. Die Nachbarn kamen zu ihm und sagten: „Was für ein Unglück!“ Der alte Chinese antwortete: „Woher wollt ihr wissen, dass es ein Unglück ist?“

Am Abend aber kam das Pferd zurück und hinter ihm liefen zehn wilde Hengste. Sein einziger Sohn schloss das Gatter und der Bauer hatte nun elf Pferde.

Die Nachbarn freuten sich mit ihm: „Was für ein Glück für dich!“ Doch der Bauer antwortete: „Woher wollt ihr wissen, dass es ein Glück ist?“ Und tatsächlich: Als der Sohn einen der Hengste zureiten wollte, wurde er abgeworfen und brach sich ein Bein. Nun klagten die Nachbarn: „Was für ein Unglück!“ Und wieder fragte der Bauer: „Woher wollt Ihr wissen, dass es ein Unglück ist?“

Kurze Zeit später kam ein chinesischer Kriegsherr in die Stadt und nahm alle wehrtüchtigen Männer mit in den Krieg. Keiner kehrte je wieder zurück! Der einzige Sohn aber blieb verschont.

Glückliche Menschen ...

... kennen ihre Vergangenheit und gehen positiv damit um

Ein Blick in die Vergangenheit
hat nur Sinn, wenn er
der Zukunft dient.

KONRAD ADENAUER, DT. BUNDESKANZLER

Kennen Sie den Satz „Zum Glück muss man geboren sein"? Dieser Satz mag stimmen! Aber nicht in dem Sinne, wie Sie ihn vielleicht bisher immer gehört haben. Ich meine es so: Zum Glück muss man geboren sein, denn wenn wir nicht geboren wären, könnten wir überhaupt kein Glück empfinden.

Wenn Sie diesen Satz aber in der Hinsicht interpretieren, dass manche Leute geborene Gewinner und andere geborene Verlierer sind, dann liegen Sie falsch. Wäre es nämlich tatsächlich so, dann würden sich Menschen im Laufe ihres Lebens nicht verändern können. Es würde bedeuten, dass wir im übertragenen Sinn einen Zettel unter dem Kopfkissen unserer Wiege gehabt hätten, auf dem entweder „Gewinner" oder „Verlierer" stand. Doch: Spätestens in dem Moment, wo wir selbst schreiben können, haben wir es in der Hand, das Wort „Verlierer" durchzustreichen und darüber fett „Gewinner" zu schreiben.

Liegt es vielleicht daran, dass einige Menschen so weit nicht gehen wollen, weil sie nie richtig (und eigenständig) laufen gelernt haben? Unsere Vergangenheit hat sehr viel mit unserer Gegenwart zu tun. Die Vergangenheit hat für unser Leben eine größere Bedeutung als uns manchmal lieb ist. Wir kennen es vielleicht, wenn die Sprache auf jemanden kommt, der „dunkle

Flecken in seiner Vergangenheit" hat. Oder wenn wir in einer Gruppe zusammensitzen und dann kommt die Sprache auf jemanden, der Probleme hat. Dann wird schnell gesagt: „Na ja, der oder die hatte doch schon eine schwere Kindheit und musste in der Vergangenheit viel durchleben."

Die Vergangenheit ist in unserer Gegenwart immer anwesend.

Die Vergangenheit ist in unserer Gegenwart immer anwesend. Und unser Leben wird entscheidend von ihr geprägt, wenn wir nicht lernen, mit dieser Diva richtig umzugehen, die sich manchmal etwas launisch, manchmal extravagant oder auch manchmal etwas weinerlich und zu Herzen gehend in unser Leben schleicht.

Im Wesentlichen sind es drei Faktoren, die dabei eine große Rolle spielen:

1. **Unsere Herkunft** – Wo kommen wir her? Aus welchen Verhältnissen stammen wir? In welche Familie sind wir hineingeboren?
2. **Unser Charakter** – Welche Anlagen haben wir? Welche Begabungen? Wurden sie gefördert oder behindert? Wer sind wir eigentlich und welche Werte haben wir in der Vergangenheit gelernt? Welche davon haben wir zu unseren eigenen gemacht?
3. **Unsere Einstellung** – Wie gehen wir mit den Erfahrungen der Vergangenheit um? Halten sich positive und negative Erinnerungen die Waage oder überwiegen die positiven? Wie gehen wir mit den Fehlern in unserem Leben um? Haben wir etwas aus ihnen gelernt oder liegen sie immer noch als Stolpersteine auf unserem Weg und wir fallen immer wieder hin?

Beschäftigen wir uns mit dem ersten Punkt: Unserer Herkunft. Nehmen wir uns also etwas Zeit, um uns einmal intensiv mit uns selbst zu beschäftigen. Ich hoffe nicht, dass Sie zu den Menschen gehören, die das ohnehin immer unentwegt tun. Es soll ja Leute geben, die können ihre Umgebung nicht richtig erkennen, weil sie sich ständig um sich selbst drehen. Wenn das bei Ihnen so ist, sollten Sie Ihr Leben für einen Augenblick einmal anhalten, um sich an Ihre Kindheit zu erinnern.

In welcher Familie wurden Sie geboren? Das Familienleben gehört zu den ersten und wichtigsten Erfahrungen in unserem Leben. Da wir als neue Erdenbürger ja noch keine Lebenserfahrung haben, denken wir lange Zeit, dass das Leben allgemein tatsächlich so ist, wie wir es in der eigenen Familie erleben.

Das Beste ist natürlich, wenn wir eine glückliche Kindheit erleben. Denn diese positiven Starterfahrungen nehmen wir mit ins Leben. Die Liebe unserer Eltern, das gemeinsame Aufwachsen mit Geschwistern, die ersten Freunde, die ersten gemeinsamen Erlebnisse, wo wir mit anderen gemeinsam im Sport Siege erringen. Oder andere Situationen, wo wir gegen andere gewinnen oder verlieren. Sicher läuft vor Ihrem inneren Auge ein ganzer Film an Erinnerungen ab.

Was verbinden Sie mit dem Begriff „zu Hause sein“? Ich bin in einer Großfamilie aufgewachsen. Als fünftes von sechs Kindern hatte ich mich schön in die Reihe einzuordnen. Aber ich habe es wirklich genossen, mit vielen gemeinsam aufzuwachsen. Natürlich gab es auch mal Ärger und Streit. Aber die Gesamterfahrung war absolut positiv und hat mich fürs Leben geprägt. Das Schöne an einer Großfamilie ist, dass immer mindestens einer da ist, mit dem man sich gerade sehr gut versteht. In meiner Familie habe ich Sozialverhalten gelernt. Obwohl wir Kinder äußerst verschieden sind, gehörten und gehören wir zusammen. Wir haben es auch schätzen gelernt, wie sich unsere Eltern für uns eingesetzt haben und wie sie uns erzogen haben. Unsere Eltern hatten schon ihre Mühe, uns gut groß zu ziehen, aber sie haben es trotz mancher finanziellen Engpässe geschafft. Ein Vorbild in jeder Hinsicht.

Wenn ich an zu Hause denke, dann denke ich immer auch an den großen Fußballplatz, auf dem wir fast jeden Nachmittag unsere Erfolgserlebnisse oder Niederlagen erlebt haben. Dieser Fußballplatz hat für meine Jugendzeit unendlich viel bedeutet. Er hat ganz nebenbei auch dafür gesorgt, dass ich die siebte Klasse so schön fand, dass ich sie gleich zweimal durchlaufen habe. Ich verbrachte einfach zuviel Zeit auf dem grünen Rasen. Da blieb nicht viel übrig, um mich mit so langweiligen Themen wie den Etruskern, Caesar oder den korrekten Wörtern fürs Einkaufen in England zu beschäftigen.

Trotz dieses schulischen Makels kann ich aus heutiger Sicht sagen: Es hat einfach Spaß gemacht, ich würde es wieder so tun. Ich war einfach glücklich! (Spätestens jetzt sollten Sie dieses Buch vor Ihren Kindern verstecken …)

Wenn du wirklich wissen willst, welchen Charakter ein Mensch hat, musst du mindestens 60 Minuten mit ihm Fußball spielen.

Aus dieser Zeit habe ich eine wichtige Erkenntnis fürs Leben mitgenommen: Wenn du wirklich wissen willst, welchen Charakter ein Mensch hat, musst du mindestens 60 Minuten mit ihm Fußball spielen oder einen anderen sportlichen Wettkampf betreiben. Da merkst du sofort, wer verlieren kann und wer nicht, wer anderen Spielern den Ball wegnimmt oder sie gut ins Spiel bringt. Wir hatten einen Spieler dabei, der völlig entnervt und verärgert die Fußballschuhe auszog und sie über den Zaun auf die nächste Weide schleuderte, sobald unsere Mannschaft mal mit zwei Toren in Rückstand geriet. Er war offensichtlich der Meinung, dass man zwei Tore Vorsprung im Leben nicht mehr aufholen könnte. Ich denke heute oft an ihn – und in meinen

Augen ist er ein „armer Tropf". Aber: Vielleicht hat er sich ja inzwischen geändert!

Wenn ich an zu Hause denke, dann denke ich gerne an die Adventszeit zurück, die bei uns immer etwas ganz Besonderes war. Meine Mutter war im „Weihnachtsland" (Erzgebirge) geboren und schaffte es immer wieder, in der Vorweihnachtszeit mit Krippen, Kerzenbogen, Räucherfiguren und Gebäck eine Atmosphäre zu zaubern, in der wir ihren Geschichten gerne zuhörten. Nicht nur unsere Familie fand sich zu solchen Gelegenheiten zusammen, sondern wir brachten immer wieder unsere Freunde mit, für die das auch etwas ganz Besonderes war. Obwohl es uns Menschen so angeboren ist, dass wir uns auf eigenen Füßen stehend auch von „zu Hause" unterscheiden müssen, haben wir sechs Kinder diese Tradition in unseren Familien später alle übernommen.

Woran denken Sie zuerst, wenn Sie an „zu Hause" denken? An die Eltern, die Geschwister, den Hund? Vielleicht daran, ein Bett gehabt zu haben, am gedeckten Tisch einen Platz gehabt zu haben, immer eine gut bestückte Vorratskammer vorgefunden zu haben, Liebe, Zärtlichkeit, ohne Maske leben zu können?

Die meisten unserer Vorlieben prägen sich in unserer Kindheit: Lieblingsessen, Lieblingsfarbe, Lieblingsmusik, die Lieblingsplätze. Und manchmal ist es gut, eine kleine Reise in die Vergangenheit zu unternehmen und die Plätze zu besuchen, an denen wir uns wirklich wohl (und glücklich) gefühlt haben. Das hat viel mit Erinnerungen zu tun. Je positiver diese Erinnerungen sind, desto glücklicher machen sie uns. Manchmal helfen diese Erinnerungen an glückliche Tage in der Kindheit sogar über so manche Durststrecke im Leben hinweg. Deshalb denken Sie an glückliche Zeiten in Ihrem Leben, die Sie mit Ihrer Familie oder mit Freunden erlebt haben. Die Erinnerung an früheres Glück wird helfen, den Weg des Glücks zu finden.

Die Erinnerung an früheres Glück wird helfen, den Weg des Glücks zu finden.

In unserer Kindheit entwickeln wir auch unsere Hobbys. Ob es Lesen ist, Musik hören, mit anderen unterwegs sein, in Cliquen leben, selbst aktiv sein im Sport, in der Musik oder in der Gartengestaltung. Es gibt so viele schöne Dinge, die wir uns aus der Kindheit mit ins Leben nehmen. Und sicher haben Sie auch schon mal beobachtet, dass unsere Kindheit wichtiger wird, je älter wir werden. Warum kaufen sich alte Leute, nachdem sie vielleicht um die halbe Welt gereist sind und „überall gewesen sind", als Rentner dann plötzlich ein Häuschen in ihrer Heimatstadt oder mieten sich dort eine Wohnung?

Wenn es uns schlecht geht, dann hilft es manchmal, sich an die glückliche Kindheit zu erinnern. Nicht um die Probleme zu verdrängen, sondern um einfach auf positive Gedanken zu kommen. Natürlich hat der Schweizer Journalist Walter Ludin auch Recht, wenn er schreibt: „Die guten alten Zeiten werden besser, je länger sie zurückliegen."

Daher sollten wir die Vergangenheit auch nicht schöner machen als sie war. Aber: Wir sollten sie auch nicht schlechter machen als sie war. Das bedeutet, dass wir uns einfach einmal Zeit nehmen und einige schöne Erlebnisse aus der Vergangenheit Revue passieren lassen sollten. Vielleicht schreiben wir auch einfach mal drei Dinge auf, an die wir uns gerne zurückerinnern. Drei Glücksmomente aus der Vergangenheit. Warum waren sie besonders schön? Warum haben wir uns dabei so wohl gefühlt? Warum würden wir sie gerne noch einmal erleben?

Ein Baum kann nur dann stark sein, wenn er tiefe Wurzeln geschlagen hat. Daher ist es wichtig, dass wir für uns klären, wo denn unsere Wurzeln liegen.

Ein Baum kann nur dann stark sein, wenn er tiefe Wurzeln geschlagen hat. Daher ist es wichtig, dass wir für uns klären, wo denn unsere Wurzeln liegen. Sind sie tief genug oder kann uns jeder Sturm umreißen? Dazu gehört, dass wir unser Verhältnis zu unseren Eltern geklärt haben. Dazu gehört, dass wir ihnen für alles danken, was sie uns ins Leben mitgegeben haben (und das nicht nur am Muttertag!). Es gibt viel Grund zur Dankbarkeit, wenn wir an die Vergangenheit denken.

Genauso wichtig ist aber auch, dass wir versuchen, uns in die Lage der Eltern zu versetzen, um zu verstehen, warum sie so gehandelt haben, wie sie es taten.

Die andere Seite der Medaille

Vielleicht erinnern wir uns aber auch an Momente unserer Kindheit, die alles andere als glücklich waren. Vielleicht wurden wir von unseren Eltern geschlagen, links liegengelassen, als Störenfriede empfunden. Vielleicht war die Kindheit ein Horror. Wem von den eigenen Eltern Gewalt angetan wurde, der kann beim besten Willen nicht von einer „glücklichen Kindheit" sprechen. Aber ist damit bereits der Weg zu einem dauerhaft unglücklichen Leben vorgezeichnet?

Es kann sein, dass wir aus unserer Kindheit Wunden in uns tragen, die uns das Leben schwer machen. Und es muss nicht immer so drastisch sein, wie eben beschrieben. Vielleicht wollten Sie immer Tänzerin werden, aber ihre Eltern haben Ihnen „diese dumme Hüpferei" verboten. Oder sie wollten gerne studieren, aber Ihr Vater hat gesagt „Junge, lern' was Anständiges, werde Klempner!"

Vielleicht sind Sie ohne Eltern aufgewachsen und denken bei dem Wort „Zu Hause" an ein Heim, wo Sie erzogen wurden.

Wenn Sie in einer Familie aufgewachsen sind, in der Sie ständig in Konkurrenz zu Ihren Geschwistern standen und nie so gut waren wie der ältere Bruder oder die ältere Schwester, dann tragen Sie aus dieser Zeit auch etwas in Ihrem Rucksack mit sich, das unter Umständen zwischendurch auf Ihrem Lebensweg unheimlich schwer werden kann.

Was werden wir mit diesen Erfahrungen tun? Sie vielleicht im Alkohol ertränken, sie überspielen, indem wir genau das Gegenteil vor anderen vorspielen als das, was wir eigentlich sind?

Vielleicht befinden wir uns bis heute auf der „Flucht vor der eigenen Vergangenheit" und holen uns unsere Glücksmomente mithilfe der Pharmaindustrie.

Man kann doch nicht immer glücklich sein, man muss doch auch mal traurig sein – und die Wut mal so richtig rauslassen.

„Kindermund tut Wahrheit kund", heißt es in einem Sprichwort. Als ich mit meiner damals siebenjährigen Tochter Ronja einmal im Auto unterwegs war, hörte sie in den Nachrichten eine Meldung über Drogentote. Sie fragte mich, was Drogen sind und warum Menschen so etwas nehmen würden, wenn sie davon doch sterben könnten. Ich erklärte es ihr, worauf sie nach kurzem Überlegen sagte: „Aber, Papa, man kann doch nicht immer glücklich sein, man muss doch auch mal traurig sein – und die Wut mal so richtig rauslassen!"

Dabei machte sie mit der geballten Faust eine Bewegung nach vorne. Wie Recht sie doch hatte!

Wenn unsere eigene Geschichte uns einholt

Jeder Mensch hat seine eigene Geschichte. Ich möchte Ihnen an dieser Stelle die Geschichte von Zwillingen erzählen. Die hätten allen Grund zum Glücklichsein gehabt, denn sie wuchsen in einer reichen Familie auf. Diese Familie lebte nicht in unserem Kulturkreis und – ehrlich gesagt – ist es eine ziemlich alte Geschichte. Aber sie zeigt sehr schön, dass die Vergangenheit immer in unserem Leben gegenwärtig ist, bis wir mit den Fehlern der

Vergangenheit und den Menschen, die sie betreffen, unseren ganz persönlichen Frieden machen. Es handelt sich um ein Familiendrama, das selbst Dallas, Denver oder die verworrenen Geschichten in der Lindenstraße um Längen schlägt. Wenn es um „gute Zeiten, schlechte Zeiten" ging, dann kannten die Zwillinge sich bestens darin aus.

Ihre Mutter wusste zu berichten, dass es bereits im Mutterleib reichlich Ärger gegeben hatte. Manchmal hatte sie gedacht, in ihr fände ein Boxkampf statt.

Dann kam der Tag der Geburt, und irgendwie gönnte der eine dem anderen nicht die Vorteile der Erstgeburt. Der erste der beiden Söhne, Esau, wurde von seinem Bruder, Jakob, an der Ferse gehalten, als er geboren wurde. Aber: Glück gehabt! Er war der Ältere und würde daher später einmal reichlich erben.

Jakob hieß übrigens so, weil das so viel heißt wie „Fersenhalter". Und er machte diesem Namen alle Ehre. Er trickste seinen Bruder aus, wo es nur ging, und nahm ihm schließlich durch eine Täuschung am Sterbebett des erblindeten Vaters das Erstgeburtsrecht ab. Er schlich sich vor und gab sich für seinen älteren Bruder aus. Große Erbschaft – welch ein Glück!?

Vielleicht haben Sie von dieser Geschichte schon einmal gehört. Ich glaube, dass sie Ihnen als Geschichte von „Jakob und Esau" vorgestellt wurde. Bis heute in unseren Kulturkreis hinein hat sich der Zweitgeborene den ersten Rang bewahrt. Mit Hilfe seiner Mutter entkam Jakob dem sicheren Tod, denn sein Bruder wollte sich das Erbe natürlich wieder zurückholen. Sie schickte ihn auf die Reise zu einem – im doppelten Sinn des Wortes – entfernten Verwandten und gab den Ratschlag, er solle dort so lange bleiben, bis Gras über die Sache gewachsen sei.

Aber wie das im Leben so ist: Wenn über einen Fehler der Vergangenheit Gras gewachsen ist, kommt irgendwann irgendein Kamel und frisst es wieder runter.

Wenn über einen Fehler der Vergangenheit Gras gewachsen ist, kommt irgendwann irgendein Kamel und frisst es wieder runter.

So ist das mit unserer Vergangenheit: Wir können Weltreisen unternehmen, aber wir nehmen sie immer mit! Und so musste es irgendwann wieder zu einer Begegnung dieser beiden Brüder kommen.

Um es gleich zu sagen: So richtig glücklich ist Jakob bei seinem Onkel nicht geworden. Denn er erlebte, dass ein Betrüger auch selbst betrogen werden kann. Und so wurde der Aufenthalt dort dann doch etwas länger als ursprünglich geplant. Aber er hatte es letztlich zu einem gewissen Reichtum gebracht, der sich – dem Kulturkreis entsprechend – vor allem in großen Herden von Tieren zeigte.

Je älter Jakob wurde, desto mehr zog es ihn wieder nach Hause, an die Stätte seiner Kindheit. Und irgendwann fasste er den Entschluss, mal zu Hause nachzuschauen, ob sein älterer Bruder noch böse auf ihn war.

Irgendwann also befand er sich auf dem Weg nach Hause, aber je näher er kam, desto mulmiger wurde es in seiner Magengegend. Wieder dachte er sich einen Trick aus, um seinen bösen Bruder milde zu stimmen. Ein kleines Begrüßungsgeschenk sollte es richten: 200 Ziegen, 20 Böcke, 200 Schafe, 20 Widder, 30 säugende Kamele, 40 Kühe, 10 junge Stiere, 20 Eselinnen und 10 Esel. Vielleicht hatte er ja auch gedacht, diese Tiere würden eine gute „Pufferzone" abgeben, wenn's doch Ärger gab. Aber nehmen wir einmal zu seinen Gunsten an, dass er sich tatsächlich mit seinem Bruder – und damit mit seiner eigenen Vergangenheit – versöhnen wollte. Aber die Angst blieb ihm im Nacken.

In der Nacht vor der Begegnung kommt es dann in der Nähe eines Flusses zum „Showdown". Jakob wird in einen Kampf verwickelt, den er gar nicht einordnen kann. Zum Glück hatte er –

in weiser Voraussicht – seine Familie vorher in Sicherheit gebracht. Aus diesem Kampf ging er verletzt hervor. Aber es war nicht sein Bruder Esau, sondern jemand anders, der mit ihm kämpfte. Die alten Rabbiner glaubten, dass es Jakobs Schutzengel war, der ihn in den Kampf verwickelte. Ist das nicht eine verrückte Vorstellung: Ein Mensch, der ein solcher Halunke ist, dass ihn sein eigener Schutzengel überfällt!

Aber die Geschichte geht letztlich gut aus und es kommt am nächsten Morgen zu einer Begegnung zwischen den Brüdern – und zur Versöhnung. Die Vergangenheit wird aufgearbeitet und es entsteht eine neue Beziehung zwischen Menschen, die jahrelang verfeindet waren, obwohl – oder sollen wir sagen gerade weil – sie miteinander verwandt waren. Die Geschichte steht übrigens in einem sehr guten Buch, dass heute nicht unbedingt sehr populär ist, obwohl es weltweit der größte Bestseller aller Zeiten ist: die Bibel.

Die Fehler unseres Lebens wiegen umso schwerer, je weniger Zeit uns bleibt, sie wieder in Ordnung zu bringen.

Eine wirklich spannende Geschichte, die zeigt, dass der „Arm der Vergangenheit" mit jedem Jahr länger wird und kräftiger in unser Leben eingreift. Vielleicht wiegen die Fehler unseres Lebens umso schwerer, je weniger Zeit uns bleibt, sie wieder in Ordnung zu bringen. Diese Geschichte hat aber kein Hollywood-Happy-End nach dem Motto: „Sie vertrugen sich und lebten glücklich und zufrieden bis ans Ende ihrer Tage." Nein, Jakob trug eine Verletzung aus dem Kampf hervor. Seit dem Tag ging er am Stock. So quasi als Erinnerungsstück an die Vergangenheit. Aber er war glücklich, weil er wusste, dass trotz dieser Narben „die alte Geschichte aus der Vergangenheit" jetzt endlich erledigt war. Das Alte war vergangen, es konnte etwas Neues beginnen. Oft ist das vernarbte Gewebe stärker und widerstandsfähiger als die restliche Haut. Wenn Wunden verheilt sind, machen sie uns nicht schwächer, sondern stärker.

Erst wenn man sich den Fehlern seiner Vergangenheit stellt, kann man positiv in die Zukunft blicken.

Eine erstaunliche Geschichte. Da schleppt jemand sein ganzes Leben eine Last mit sich herum und bekommt sie einfach nicht los. Erst in dem Moment, wo er sich den Fehlern der Vergangenheit stellt und nicht mehr weg läuft, kommt etwas in sein Leben, was wir mit „Heilung der Vergangenheit“ beschreiben können. Und er kann wieder positiv in die Zukunft blicken und vorwärts gehen. Welch ein Glück!

Was Vergebung bewirken kann

Der Schlüsselbegriff dazu heißt „Vergebung“. Wir können die Schattenseiten unseres Lebens, die Fehler in unserer Vergangenheit niemals ganz eliminieren. Es wäre schön, wenn das wie bei einer Computerfestplatte per Knopfdruck möglich wäre. Aber so ist es nicht. Wir können unser Leben nicht neu formatieren, ein anderes Betriebssystem aufspielen und alles wieder neu beginnen. Es nutzt auch nichts, wenn wir versuchen, die alten Dinge zu überspielen. Letztlich sind sie immer noch vorhanden und können jederzeit zum Vorschein kommen. Der beste Weg, wie wir mit der Vergangenheit und vor allem mit den Fehlern der Vergangenheit umgehen können, ist: Wir müssen uns zu unserer Vergangenheit stellen, die Fehler anerkennen und Vergebung lernen. Dabei gibt es zwei Aspekte: Vergebung *gewähren* und Vergebung *annehmen*.

Wir können unser Leben nicht neu formatieren, ein anderes Betriebssystem aufspielen und alles wieder neu beginnen.

Vergebung gewähren für andere, die auf unserem „Lebensbriefumschlag“ herumgemalt und tiefe Spuren eingekratzt haben, für die wir uns heute vielleicht schämen, fällt nicht leicht. Vergebung für andere gewähren, die uns übel mitgespielt haben, bedeutet, dass wir entweder über unseren Schatten springen müssen oder aber etwas mit uns geschieht, das uns vergebungsbereit werden lässt. Aber hier liegt einer der Schlüssel zum Glück: Vergebung für die Fehler, die andere – ob wissentlich oder unbeabsichtigt – begangen haben.

Das fällt nicht leicht. Es bedarf einer gewissen Übung und einer ganz besonderen Lebenseinstellung, es anderen nicht nachzutragen, wenn sie uns verletzt haben, es jemandem nicht heimzuzahlen, wenn wir uns von ihm ungerecht behandelt fühlen, jemanden nicht vor anderen zu blamieren, wenn wir uns von ihm hintergangen fühlen.

Das ist nicht gerade sehr populär, denn in der Ellbogengesellschaft, in der wir leben, geht es genau anders zu:

„Wer vergibt, zeigt Schwäche!“

„Wer vergibt, ist der Dumme!“

„Nur Verlierer vergeben!“

Wenn Sie so etwas bisher auch gedacht haben, streichen Sie es aus Ihren Gedanken, denn solche Sätze führen nur ins Unglücklichsein. Genau das Gegenteil stimmt. Wer nicht aufhört, anderen die Schuld zu geben, anstatt anzufangen, ihnen zu vergeben, wird niemals glücklich werden.

Vergebung befreit und schafft die Brücke zu neuen Beziehungen. Es ist das Gegenteil von „dem anderen etwas heimzahlen“.

Aber wir müssen uns auch selbst vergeben, uns selbst unsere eigenen Fehler verzeihen. Dabei sollten wir uns immer wieder vor Augen führen, dass es einfach nicht stimmt, dass der weniger wert ist, der Fehler macht. Wir werden immer wieder Fehler machen, und je mehr wir sie vermeiden wollen, desto eher werden wir sie begehen.

Die wenigsten Fehltritte im Leben werden mit den Füßen begangen. Die schwerwiegendsten Vergehen unterlaufen uns mit der Zunge, mit unserer Sprache, mit unseren Worten. Wir setzen sie oft ein wie Waffen. Die Wirkung kann verheerend sein. Wenn uns das bewusst ist, dann sollten wir uns auch zu diesen Fehlern stellen und sie anerkennen. Und dann heißt es, nicht nur anderen Vergebung zu gewähren, sondern auch um Vergebung zu bitten und sie selbst anzunehmen. Wenn das echt ist, dann kann daraus etwas entstehen, was Ihr Leben reicher macht.

Vergebung ist der Schlüssel, der die erste Tür zum „Glücklichsein" öffnet. Daher sollte Vergebung eine hohe Priorität in Ihrem Leben genießen.

Vielleicht ist Ihnen schon einmal die Geschichte begegnet von dem jungen Mann, der sichtlich unglücklich in einem Zugabteil saß. Ein zweiter Fahrgast beobachtete ihn und merkte schnell, dass ihm irgendetwas schwer „auf dem Magen" lag. Nach einiger Zeit begann er ein Gespräch mit dem jungen Mann und fand heraus, dass er ein entlassener Sträfling war, der sich jetzt auf dem Weg nach Hause befand. Seine Verurteilung wurde von seiner Familie als große Schande empfunden, und sie hatte ihn auch nie im Gefängnis besucht. Nur ganz selten war es zu einem Briefwechsel gekommen. Er hoffe aber trotzdem, so sagte er, dass sie ihm vergeben würden. Um es ihnen zu erleichtern, hatte er in seinem letzten Brief vorgeschlagen, sie sollten ihm ein Zeichen geben, an dem er, wenn der Zug an der kleinen Farm vor der Stadt vorbeifuhr, sofort erkennen könnte, wie sie über ihn dachten. Wenn sie ihm verzeihen würden, so sollten sie in dem Apfelbaum an der Strecke ein weißes Band hängen. Wenn sie ihn aber nicht wieder sehen wollten, dann werde er im Zug sitzen bleiben und weiterfahren.

Je näher der Zug seiner Heimat kam, desto bedrückter und

angespannter wurde der junge Mann. Er brachte es nicht über sich, aus dem Fenster zu schauen, und wechselte daher mit einem anderen Fahrgast die Plätze. Kurze Zeit später legte dieser dem Sträfling die Hand auf den Arm: „Da ist er!“, flüsterte er. „Es ist alles in Ordnung. Der ganze Baum ist voller weißer Bänder!“ „Mir war“, sagte der Mann später, „als hätt‘ ich ein Wunder miterlebt. Und vielleicht war‘s auch eines.“ *(nach John Kord Lagemann)*

Wir entscheiden selbst, welchen Einfluss unsere Vergangenheit auf unser Leben hat.

Es kommt darauf an, dass wir Frieden mit unserer Vergangenheit machen. Wir müssen uns mit unserem Leben und wie es bisher verlaufen ist, versöhnen. Kein anderer steckt in unserer Haut. Daher können auch nur wir selbst entscheiden, welchen Einfluss unsere Vergangenheit auf unser Leben haben wird.

Mit dem Charakter Glück gehabt?

Neben unserer Herkunft – die wir uns nicht aussuchen können – gibt es eine zweite Sache, die wir mit durch unser Leben tragen: unseren Charakter. Jeder von uns hat Begabungen und positive Anlagen mit ins Leben bekommen. Auch wenn Ihnen das vielleicht nicht bewusst ist: Einen Menschen wie Sie gibt es nur einmal! Wenn Sie daraus jetzt den Schluss ableiten wollen, dass Sie dadurch *einmalig* sind, dann haben Sie Recht! Allein diese Tatsache müsste Sie schon glücklich machen.

Jeder Mensch ist einmalig. Allein diese Tatsache müsste uns schon glücklich machen.

Sie sind wertvoll! Sie haben es auch nicht nötig, sich ständig mit anderen zu vergleichen, denen es angeblich besser geht, die angeblich schöner oder glücklicher sind! Vergleiche mit anderen bringen uns nicht weiter, denn es wird unser ganzes Leben lang Menschen geben, denen es besser geht als uns oder schlechter, die den vorherrschenden Schönheitsidealen mehr entsprechen oder weniger, die mehr besitzen oder gar nichts. Daher können wir uns Vergleiche mit anderen schenken und die Energie zum Glücklichsein nutzen. Vergleiche mit anderen verleiten schnell dazu, sich selbst geringer einzuschätzen und sich selbst herabzusetzen.

Starkes Konkurrenzdenken kann eine große Barriere auf dem Weg zum Glück sein. Wenn Sie gegenüber anderen immer besser sein müssen und immer nur gewinnen wollen, kann es sein, dass Sie am Boden zerstört sind, wenn Ihnen das dann – aus welchen Gründen auch immer – nicht mehr gelingt.

Wer immer besser sein will als die anderen,
wird eines Tages seinen Meister finden.

Was andere über Sie sagen und denken, sollte nicht Ihr Problem sein. Seien Sie einfach Sie selbst! Und selbst wenn Sie sich einmal lächerlich gemacht haben, dann sollte Ihnen das egal sein, denn Sie werden viele Gelegenheiten haben, ihre Stärken zu zeigen. Der deutsche Dichter Erich Kästner schrieb einmal: „Was auch geschieht, so tief sollten wir niemals sinken, von dem Kakao, durch den man uns zieht, auch noch zu trinken!"

Noch mal: Sie sind etwas ganz Besonderes und Sie gibt es nur einmal auf der Welt! Keiner ist wie Sie!

Doch nicht immer werden unsere Begabungen gefördert. Es gibt auch Menschen, denen selbst nicht bewusst ist, was sie wirklich gut können, bis jemand von außen kommt und es ihnen sagt.

Aber seien Sie sicher: Auch Sie haben Begabungen! Machen Sie etwas draus! Es wird Sie glücklich machen und Ihre gesamte Lebensstimmung heben, wenn Sie auf einmal Ihre im Verborgenen schlummernde besondere Begabung entdecken.

Zu unserem Selbst gehört unsere Vergangenheit untrennbar dazu. Unsere Verletzungen, unsere Fehler, unsere Schwächen. Sie sind genauso wichtig wie unsere Stärken und unsere Begabungen. Wichtig ist nur, welchen Eigenschaften wir selbst in unserem Leben mehr Gewicht geben. Sind die fünf Fehler, die uns über einen längeren Zeitraum im Magen liegen wirklich wichtiger als die 250 Gelegenheiten, in denen wir uns selbst und anderen gezeigt haben, dass wir etwas können?

Alles Ansichtssache!

Die Einstellung zu uns selbst und zu den Dingen um uns herum hat sehr viel mit dem Glück zu tun. Wenn ein halbgefülltes Wasserglas auf dem Tisch steht, ist es nicht unerheblich, ob wir darin ein halb*volles* oder ein halb*leeres* Glas sehen. Sehen wir das Positive oder das Negative zuerst? Verstellt uns vielleicht oft unsere negative Einstellung den Blick für das Positive? Wie sehen wir uns selbst und welche Auswirkung hat das auf die Lebenseinstellung?

Der bereits erwähnte englische Wissenschaftler Richard Wiseman hat bei seinen Untersuchungen glücklicher und unglücklicher Menschen festgestellt, dass unser Charakter auch unsere Einstellung zum Glück maßgeblich beeinflusst. So sind positive Charaktere viel offener für das Glück – und erleben es daher auch öfter – als Menschen, die eher negativ eingestellt sind. Glückliche Menschen – so Wiseman – wenden vier psychologische Methoden an, die man so beschreiben kann: Es gelingt ihnen, „Pech in Glück“ zu verwandeln.

Glückliche Menschen sind deshalb glücklich, weil sie Pech in Glück verwandeln können.

Erstens stellen sie sich vor, um wie viel schlimmer die Sache eigentlich hätte sein können und vergleichen sich dann mit Menschen, die noch mehr Pech als sie gehabt haben. Zweitens denken sie „auf lange Sicht“, das heißt, sie sind davon überzeugt, dass sich auch das größte Pech in Glück verwandelt, wenn man nur eine gewisse Zeit wartet. Drittens grübeln sie nicht ständig über Vergangenes nach oder über das gehabte Pech. Und viertens setzen sie voraus, dass sie selbst aktiv sind, betrachten ihre Probleme, Fehler usw. aus allen Blickwinkeln und lernen so aus gemachten Fehlern.

Unser Glück oder Unglück ist nicht davon abhängig, wie viel Negatives oder Schlimmes uns in unserem Leben widerfahren ist. Die Frage ist, welche Schlüsse wir daraus ziehen. Wenn etwas nicht so gut läuft, suchen wir gerne die Fehler bei uns selbst und forschen sofort nach, wo und warum wir versagt haben. Doch das bringt nichts, denn nicht immer liegen die Fehler überhaupt bei uns.

Doch wer sich den Schuh immer anzieht, selbst die Ursache des Unglücks oder misslicher Dinge zu sein, hat eine um dreiundvierzig Prozent geringere Chance, zufrieden zu sein, als andere, die das nicht tun. *(Panos, K. Linking: An Exploration of Related Constructs and Effects on Happiness; Master-Arbeit, American University, Washington D.C.,)*

Das bedeutet, dass glückliche Menschen offensichtlich den „Arm der Vergangenheit“ in ihrem Leben nicht zu lang werden lassen. Und vor allem sehen sie zu, dass dieser „Arm“ nichts stiehlt, was in der Zukunft Glück bedeuten kann. Bei Rückschlägen oder unglücklichen Erfahrungen zeigen sie ein gewisses Stehvermögen, machen den oberen Knopf ihres Mantels zu, schlagen den Kragen hoch, und warten, bis der Sturm vorüber ist.

Glückliche Menschen kreisen nicht unentwegt um die

negativen Erlebnisse und Erfahrungen der Vergangenheit. Der Humorist und Zeichner Wilhelm Busch formulierte es einmal so: „Das ist das Schlimmste von allen Übeln, im Vergangenen herumzugrübeln."

Wenn Sie glücklich werden wollen, dann gibt es in Bezug auf die Vergangenheit nur einen Tipp: Lassen Sie die Vergangenheit in der Vergangenheit!

Lassen Sie die Vergangenheit in der Vergangenheit!

Das hat mit einem weiteren Begriff zu tun, der in Bezug auf unsere Vergangenheit wichtig ist: Die Antwort lautet: Loslassen! Wie lassen sich negative Gedanken verjagen und wie lässt sich das Unglücklichsein vermeiden? Loslassen! Wer sich an die Vergangenheit klammert, der wird sie immer mit durchs Leben schleifen. Und letztlich wird er abhängig davon. Abhängigkeiten verhindern aber das Glück. Daher sollten sie versuchen, von Abhängigkeiten loszukommen.

Sie kennen „Hans im Glück". Dieses Märchen der Brüder Grimm dreht sich direkt um das Thema „Glück". Hans erhält für seine Arbeit zunächst einen Goldklumpen. Den tauscht er gegen ein Pferd ein, jenes dann gegen eine Kuh. Es folgen ein Schwein, eine Gans und ein Stein. Eigentlich dumm gelaufen! Doch Hans ist jedes Mal glücklicher, wenn er etwas Neues empfängt. Sein Problem ist, dass ihm sein Glück mit der Zeit jedes Mal zu beschwerlich wird. Als zum Schluss der Stein ins Wasser fällt, fühlt er sich als der glücklichste Mensch auf der Welt. In dem Moment, wo er alles losgelassen hat, fühlt er sich frei und glücklich. Er trauert auch dem, was er eingetauscht hat, nicht nach, sondern genießt den Augenblick.

Loslassen! Die Vergangenheit in der Vergangenheit lassen. Wenn es Ihnen selbst nicht gelingt, dann fragen Sie andere, ob sie Ihnen dabei helfen können. Schlagen Sie sich nicht mit Ihren Problemen allein herum. Erst wenn Barrieren aus der Vergangenheit weggeräumt sind, werden Sie einen freien Blick nach vorne haben.

Den Blick nach vorne richten!

Fragen wie „Was wäre gewesen, wenn …?“, bringen Sie nicht weiter. Es war damals nicht so, wie Sie es sich aus heutiger Sicht wünschen, daher: Vergessen Sie, was hinter Ihnen liegt und schauen Sie nach vorne. Denken Sie lieber darüber nach, was Sie in Zukunft besser machen können.

Aus der Zeit, in der die Industrialisierung noch nicht so fortgeschritten war, stammt das Bild eines Pfluges. Ich bin nicht auf einem Bauernhof aufgewachsen. Wir haben zwar schon mehrmals in unserem Leben auf dem Land gelebt, aber ich bin nicht wirklich ein Landwirtschaftsexperte. Ich habe mir aber sagen lassen, dass es beim Pflügen extrem darauf ankommt, einen Fixpunkt ins Visier zu nehmen, der *vor* einem liegt. Wer die Hand an den Pflug legt und zurückschaut, der wird keine geraden Furchen ziehen. Er kann zwar immer noch von sich behaupten, sich Mühe gegeben zu haben, aber das ist es dann auch schon.

Schauen Sie nach vorne. Leben Sie im „Heute“ und nicht im „Gestern“. Betrachten Sie jeden neuen Tag wie einen Neuanfang und genießen Sie die neuen Chancen, die jeder Tag mit sich bringt. Jeder neue Tag ist eine neue Chance zum Glücklichsein!

Glückliche Menschen …

… haben Werte für ihr Leben gefunden und leben danach

Wahre Werte erkennen wir erst,
wenn wir sie verlieren.

Stanislaw Lem, polnischer Autor und Philosoph

Aus unserer Kindheit nehmen wir nicht nur glückliche und schöne oder unglückliche Momente in unser Leben mit. Wir nehmen auch etwas mit, das sich auf dem Lebensweg zu unterschiedlichen Zeiten als extrem wichtiger Proviant erweist: unsere Werte.

Was hat das mit Glück zu tun? Wanderer wissen, dass eins der wichtigsten Hilfsmittel Karte und Kompass sind. Sie geben uns die Richtung an und sagen, wohin ich mich wenden muss, um ans Ziel zu kommen. Wer umkehren muss, dem zeigt der Kompass sicher den Weg nach Hause – unter der Voraussetzung, dass er den Kompass deuten kann und sich mit den verschiedenen Himmelsrichtungen auskennt.

Werte sind Leitlinien zur Orientierung, die zum einen bestimmte Handlungsziele vorgeben, zum anderen aber auch einen Sinn in unser Leben bringen, dessen Erfüllung uns glücklich machen kann.

Nun müssen Werte uns keineswegs bewusst sein, sie gehören oft einfach zu unserem Leben dazu, ohne dass wir immer darüber sprechen. Sie können aus sozialen Gewohnheiten bestehen, „kulturelle Selbstverständlichkeiten“ sein, sie können aber auch in Idealen oder Normen bestehen. Werte sind deshalb wichtig, weil sie letztlich die Richtung unseres Lebens vorgeben. Und die kann ins Glück oder auch ins Unglück führen.

Werte können uns ins Glück oder ins Unglück führen, weil sie uns die Richtung unseres Lebens vorgeben.

Ständig be*werten* wir die Dinge, die uns begegnen, wir be*werten* auch die Menschen, denen wir begegnen, wir teilen Besitz, Beziehungen, Momente ein in *wert*voll oder *wert*los. Wir wägen ab, messen, loten aus, urteilen, bilden uns eine Meinung. Dabei werden wir in Gesprächen mit anderen Menschen immer wieder erleben, dass „Werte" selbst in ein und derselben Kultur sehr unterschiedlich wahrgenommen und be*wertet* werden. Werte zu haben bedeutet aber immer, aktiv zu leben. Werte sind nicht gedankenlos zu bekommen.

Die Diskussion um Werte ist so alt wie die Menschheit und doch immer wieder aktuell. Denn Werte haben mit unseren Wurzeln zu tun. Auf welche Basis bauen wir unser Leben auf? Welche Werte sind uns wichtig? So dynamisch wie sich das gesellschaftliche Leben verändert, scheinen sich auch die Dinge zu ändern, die uns wichtig sind. Aktuelle Ereignisse aus Wirtschaft, Politik oder auch im persönlichen Leben halten das Thema wach.

Wer wie ich zur „schreibenden Zunft" gehört, der begegnet dem Wort „Wert" ständig auf der Computertastatur. Denn neben dem Wörtchen „zu" ist es das einzig sinnvolle Wort, das auf der Tastatur (oben links) zu finden ist.

In unserem Sprachgebrauch hat dieses kleine Wort „Wert" einen spannenden Doppelsinn: Der Moralbegriff „Wert" ist zugleich die ökonomische Kategorie per se. Mit Wertschöpfung, Mehrwert, Wertsteigerung, Depotwert haben wir dann auch weniger Probleme als mit der Moral. Doch wie schrieb der Werbekritiker Fréderic Beigbeder in seinem Skandalroman „Neununddreißigneunzig": „Moral ist vielleicht nicht besonders hip, aber sie ist immer noch das Beste, was man bisher erfunden hat, um gut und böse auseinander zu halten."

Ich denke, dass eine gewisse Einigkeit zwischen Leser und Autor darin besteht, dass wir Gutes eher mit Glück verbinden als Böses. Das Problem ist nur, dass wir manchmal vergessen haben, was „gut“ und was „böse“ ist. Es gibt einige Situationen, wo es uns schlagartig bewusst wird, dass mit dieser Welt etwas nicht stimmen kann. Kaum einer erinnert sich an den 26. April 2002. Im Erfurter Gutenberg-Gymnasium lief ein Schüler Amok und tötete 16 seiner Lehrer und Mitschüler. Ein Aufschrei des Entsetzens erfasste die gesamte Republik. Wie kann so etwas bei uns geschehen? Gibt es denn keine Werte mehr, die wirklich zählen? Wie kann ein Schüler so viele Familien ins Unglück stürzen?

Fragen, die nicht allzu lange gestellt wurden. Denn bevor die ernsthafte Suche nach Antworten überhaupt begonnen hatte, war die Tat bereits in Vergessenheit geraten. Heute können nur noch sehr wenige Menschen überhaupt mit dem Stichwort „Erfurt“ etwas anfangen.

Vielleicht ist unser größtes Problem, dass wir immer nur kurz erschüttert sind, wenn uns etwas begegnet, das die Diskussion um unsere Werte in Gang bringen könnte. Es scheint fast, dass wir froh sind, wenn wir schnell wieder zur Tagesordnung übergehen können und uns nicht zu lange damit beschäftigen müssen.

Doch letztlich braucht jeder Mensch eine Basis, auf der er leben kann, und auf die er sich auch zurückziehen kann, wenn alles zu schwimmen beginnt.

Manchmal schneit das Glück bei uns herein und taut weg, sobald wir mit ihm warm werden wollen.

Welche Werte sind etwas wert? Woran wir glauben, hat sehr viel damit zu tun, ob wir das Glück finden werden oder grundsätzlich unglücklich sind, außer in den wenigen Momenten, wo das Glück mal kurz bei uns hineinschneit, um sofort wegzutauen, wenn wir mit ihm auch nur ein bisschen warm geworden sind.

Leitmotive bestimmen unser Leben

„Was hält die Welt zusammen? Welche Dinge sind Dir wirklich wichtig?“, wurden in einem Gesprächsforum des Deutschen Bundestages Jugendliche und Teenager gefragt. Einige der Antworten:

„Ich halte Freiheit, Gleichheit, Brüderlichkeit für die wichtigsten Werte. Denn ich denke, dass in diesen drei Werten die meisten anderen zusammengefasst sind.“ – „Mir ist das Fernmeldegeheimnis wichtig.“ – „Das Wichtigste an einer Gesellschaft ist, dass sie offen ist. Offen für Neues, offen für Andersdenkende, offen für Ausländer, offen für sachlichen Streit.“ – „Toleranz und Partys.“

„Wie kann es sein, dass die Würde des Menschen unantastbar ist und es gleichzeitig Talkshows gibt?“, fragte ein Jugendlicher. „Ein wichtiger Wert ist Familie“, sagte ein Teenie.

Werte sind das Geländer auf der Brücke zum Glück.

Werte sind so etwas wie das Geländer auf den Brücken zum Glück. Sie haben sehr stark mit unseren Lebensmotiven zu tun. Wir kommen immer wieder an Wegkreuzungen, wo wir Entscheidungen treffen müssen. Die Qualität dieser Entscheidungen ist eng verknüpft mit unseren Werten. Und die Ergebnisse dieser Entscheidungen können für uns Glück oder Unglück bedeuten. Der amerikanische Psychologe Steven Reiss hat lange Jahre das menschliche Verhalten erforscht. Viele tausend Personen befragte er danach, was ihnen wichtig ist. Dabei herausgekommen sind 16 Leitmotive, die unser Verhalten am meisten beeinflussen oder sogar bestimmen. Die Stichworte lauten: Macht – Unabhängigkeit – Neugier – Anerkennung – Ordnung – Sparen – Ehre – Idealismus – Beziehungen – Familie – Status – Rache – Romantik – Ernährung – Körperliche Aktivität – Ruhe.

Nach Ansicht von Reiss hat jeder Mensch ein individuelles „Motivationsprofil“: Ein ganz eigener Mix dieser 16 Leitmotive ist bei jedem Menschen vorhanden. Doch ob jemand glücklich ist oder nicht, hängt nicht von der Zusammenstellung dieser Mischung ab. Wichtig zu wissen ist einfach, dass diese unterschiedlichen Faktoren etwas mit unserem Glück zu tun haben. Reiss spricht vom sogenannten „Werteglück“, das dem Leben Sinn geben kann.

Sehen wir uns die einzelnen Motive auf dem Hintergrund „Glück und Unglück“ einmal etwas genauer an. Welche Aussagekraft haben sie darüber, ob wir glücklich sind oder nicht?

Macht – Gemeint ist das Streben nach Erfolg, Leistung, Führung und Einfluss. Menschen, die von diesem Lebensmotiv geleitet werden, sind glücklich, wenn sie in Führungspositionen sind, wenn ihre Leistung erkannt und anerkannt wird, wenn sie durch ihren offensichtlichen Erfolg stärkeren Einfluss gewinnen und immer mehr „zu sagen haben“.

Auf der anderen Seite kann genau das zu einer Krise führen. Wenn Machtmenschen an Ansehen und Einfluss aufgeben müssen, wenn sie ihre Position verlieren, wenn sie Misserfolge haben, dann ist es nur noch ein kleiner Schritt zum „Unglücklichsein“. Überreaktionen können bis zum Freitod führen. Andere stehen dann sprachlos daneben und sagen: „Der oder die hatte doch alles gehabt! Wie konnte das passieren?“

Unabhängigkeit – Gemeint ist das Streben nach Freiheit, Selbstgenügsamkeit und der absoluten Selbstbestimmung. Menschen, die dieses Leitmotiv haben, sind glücklich, wenn sie selbst entscheiden können, was sie zu welchem Zeitpunkt machen. Sie fühlen sich glücklich, wenn sie finanziell, ideell und auch in ihren Beziehungen maximale Spielräume zur Verfügung haben. Das Bild des glücklichen Seglers, der mit Strohhut bedeckt irgendwo in der Karibik schippert, steht als Musterbeispiel dafür.

Unglücklich sind diese Menschen, wenn sie in Abhängigkeiten geraten, die sie nicht ändern können. Das Geld ist ausgegangen und sie müssen tatsächlich mal arbeiten oder sie haben sich auf Zwänge eingelassen, aus denen sie nicht so schnell herauskommen. Eine große Gefahr fürs Glück.

Neugier – Gemeint ist das Streben nach Wissen und Wahrheit: Typ „Forscher". Er kann sich (glücklich) stundenlang mit einem Thema beschäftigen, wenn es sein Wissen vermehrt. Für von diesem Motiv geleitete Menschen gibt es keine glücklicheren Momente im Leben, als wenn sie die Lösung für ein Problem gefunden haben.

Anerkennung – Dazu gehört das Streben nach sozialer Akzeptanz, Zugehörigkeit zu einer Gruppe und der daraus resultierende „positive Selbstwert". Wir alle brauchen Anerkennung. Aber es gibt Menschen, die können ohne Anerkennung keine Minute leben. Viele von ihnen leben auch nach dem Motto „Wenn dich keiner lobt, lobe dich selbst", und das macht sie glücklich. Fehlt die Anerkennung und sie ist auch nicht mit Tricks zu erhalten, dann sind diese Menschen schnell unglücklich und „innerlich am Ende".

Ordnung – Typ „Aufseher" oder „Polizist". Menschen mit diesem Leitmotiv streben nach Stabilität, Klarheit und guter Organisation. Es muss eben alles irgendwie geregelt sein. Wenn es das nicht ist, fühlen sie sich unwohl. Wenn „alles seine Ordnung hat", dann sind sie glücklich. Aber wehe, wenn nicht! Ordnungsmenschen sind sehr stetig. Es macht ihnen nichts aus, jeden Nachmittag um 16.00 Uhr zu Hause zu sein. Und jeden Freitagnachmittag wird getankt! Es muss eben alles seinen geregelten Ablauf haben.

Sparen – Wer spart, der drückt damit etwas aus. Allerdings ist es nicht sein Bestreben, dem Wirtschaftskreislauf das Geld zu entziehen, sondern er möchte durch Rücklagen „schlechten

Zeiten" vorbeugen. Oder er will klug sein. Oder baut Sicherheit auf. Ein dickes Sparbuch kann glücklich machen. Aber die Geschichte hat gezeigt, dass es letztlich auch keine dauerhafte Sicherheit sein kann. Dieses Leitmotiv hat aber mit einem Sicherheitsgedanken zu tun. Manche Menschen bekommen beim Blick auf ihr Festgeldkonto oder ins Sparbuch einen glücklichen Gesichtsausdruck. Anderen hingegen stehen beim Blick auf die Kontostände Tränen in den Augen – und es sind keine Freudentränen …

Ehre – Gemeint ist das Streben nach charakterlicher Integrität. Ehre hat sehr viel mit unserem Selbstwert zu tun. So manche Ehrenämter machen nicht nur glücklich, weil sie anderen helfen, sondern weil sie auch mit Ehre verbunden sind. Manche Menschen sind erst dann glücklich, wenn sie auf einer sogenannten „Ehrentafel" erscheinen, damit die anderen auch sehen können, dass sie etwas „Ehrenvolles" getan haben.

Idealismus – Ein Weg zum persönlichen Glück ist für Menschen, die dieses Leitmotiv in ihrem Leben haben, wenn sie für Gerechtigkeit sorgen konnten. Sie möchten, dass es fair im Leben zugeht und dass es möglichst vielen Menschen in gleicher Weise gut geht. Mit Idealismus kann extrem viel bewegt werden. Besonders im Bereich Ehrenamt oder unentgeltliche Leistungen spielt Idealismus eine wichtige Rolle. Idealismus kann glücklich machen, denn es ist ein erfüllendes Gefühl, anderen geholfen oder auch zu ihrem Recht verholfen zu haben.

Beziehungen – Wir alle leben in Beziehungen. Aber für Menschen mit diesem Leitmotiv sind sie überlebensnotwendig. Sie können allein nie glücklich werden und brauchen die anderen. Freundschaft, Familie, Freude am Beisammensein sind wesentliche Bestandteile ihres Lebens. Sie können ohne die anderen nicht leben und sind unglücklich, wenn mal keiner anruft oder wenn Verabredungen platzen. Wenn sie mit anderen zusammen sein können, etwas gemeinsam unternehmen oder einfach nur miteinander reden, dann ist das Glück für sie perfekt.

Familie – Das Leben mit Kindern ist für Menschen mit

diesem Leitmotiv die Quelle des Glücks. Kinder erziehen und großziehen gehört für sie zu den wichtigsten Dingen im Leben und sie sind glücklich, wenn sie als Familie um den großen Tisch sitzen, jeder erzählt, was er an dem Tag erlebt hat und wenn sie gemeinsames Leben jeden Tag aufs Neue live erleben können.

Status – Menschen mit diesem Leitmotiv legen viel Wert auf Äußeres. Das „social standing“ muss einfach stimmen. Andere müssen erkennen können, dass sie etwas besitzen, etwas haben, was nicht jeder hat. Das muss nicht unbedingt immer das große Auto auf dem Hof sein. Manchmal reicht auch schon ein „Dr.“ vor dem Namen. Und damit möchte man gefälligst auch angesprochen werden.

Rache – Für Menschen mit diesem Leitmotiv sind Konkurrenzkämpfe wichtig. Ihr Leben wird bestimmt von einer gewissen Aggressivität und von Vergeltung. „Sich nichts gefallen lassen“ beschreibt das Lebensgefühl am besten. Auch wenn sich vielleicht viele LeserInnen nicht vorstellen können, dass ein solches Leitmotiv glücklich machen kann: Glauben Sie‘s einfach! Es ist so! Ein gelungener Rachefeldzug gegen eine Rivalin oder gegen einen Rivalen löst Glücksgefühle aus, auch wenn es vielleicht nicht gerade die „feine Art“ ist.

Romantik – Erotische Abenteuer, Sexualität, die schönen Seiten des Lebens genießen, Poesie – Stichworte, die für Menschen mit diesem Leitmotiv eine wichtige Rolle spielen. Glücksmomente erleben, sinnlich leben, den Augenblick intensiv erleben und einfach glücklich sein, das ist das Lebensmotto.

Ernährung – Für Menschen mit diesem Leitmotiv geht nichts über ein wirklich gutes Essen. Sie sind auf Nahrung fixiert und sind glücklich, wenn es „einfach mal wieder so richtig gut geschmeckt“ hat. Das Leitmotiv an sich sagt nichts über die Qualität der Nahrung aus. Sie kann durchaus auch sehr kalorienarm und gesund sein. Es sagt einfach nur, dass Essen wichtig ist.

Körperliche Aktivität – Kennen Sie das gute Gefühl, wenn der Körper so richtig „ausgepowert“ ist? Bewegung kann glücklich machen. Nicht nur, weil die Glücks-Botenstoffe aktiviert werden, sondern weil der Weg der Regeneration den Körper sinnlich erfahrbar macht. Wer dieses Leitmotiv lebt, der sorgt für Fitness und reichlich Bewegung.

Ruhe – Für Menschen mit diesem Leitmotiv gibt es die „Glücksmomente in der Hängematte". Entspannung pur, sich jetzt bloß nicht bewegen und die Gedanken einfach auf Weltreise schicken. Wichtig dabei ist aber auch eine emotionale Sicherheit, die dazu führt, dass sie auch „innerlich zur Ruhe" kommen. Dann ist das Glück perfekt.

Haben Sie sich selbst in einem oder mehreren dieser Leitmotive wieder gefunden? Welche Begriffe spielen in Ihrem Leben eine große Rolle? Welche Gegebenheiten müssen erfüllt sein, damit Sie sich glücklich fühlen?

Wie gesagt, jeder Mensch hat sein eigenes „Motivationsprofil", das sich aus mehreren Leitmotiven zusammensetzt. In unterschiedlichen Phasen des Lebens bekommt vielleicht auch das eine oder andere ein Übergewicht. Glückliche Menschen haben eine Balance in ihrem Leben gefunden. Das ermöglicht es ihnen, gleich auf mehreren Gebieten in ihrem Leben Glück zu erfahren.

Werte, die bleiben

Es gibt noch weitere Werte, die Orientierungshilfen in unserem Leben sein können: Vertrauen – Treue – Verantwortliches Handeln – Ehrlichkeit – Glaube – Liebe – Hoffnung.

Als mir meine frühere Verlobte vor knapp 20 Jahren auf die Frage, ob sie meine Frau werden wolle, unvorsichtigerweise ein deutliches „Ja" gesagt hat, haben wir uns überlegt, was für unsere Beziehung eine gute Basis sein könnte. Und wir haben uns einen Spruch aus der Bibel als Fundament unserer Ehe in die Ringe gravieren lassen. Er lautet: „Es bleiben aber Glaube, Liebe, Hoffnung. Aber die Liebe ist das Größte." Im Auf und Ab, das ein

Eheleben mit sich bringt, hat sich diese Aussage immer wieder als Wahrheit erwiesen: Die Liebe ist das Größte.

Vielleicht fühlen Sie sich beim Lesen dieses Kapitels zunehmend unwohl. Sie wollten doch etwas über Glück erfahren und jetzt sind wir auf einmal bei „Moral" gelandet. Vielleicht kennen Sie den Spruch: „Es wird alles schlimmer, nur eins wird besser: die Moral wird schlimmer." Ich möchte an dieser Stelle kurz das Zitat vom Anfang dieses Kapitels wiederholen. Fréderic Beigbeder steht nun wirklich nicht in Verdacht, ein Moralapostel zu sein. Aber wie formulierte er es: „Moral ist vielleicht nicht besonders hip, aber sie ist immer noch das Beste, was man bisher erfunden hat, um gut und böse auseinander zu halten."

Es ist nur die Frage, was ist gut und was ist böse? Gibt es da einen einheitlichen Maßstab oder ist das in das Belieben jedes Menschen gelegt? Kommt es darauf an, wie sich jemand in bestimmten Situationen fühlt? Sprich: Ist unser Gefühl die höchste Instanz? Das wäre frei nach dem Motto: „Als ich meinem Nachbarn so richtig gegen das Auto getreten habe, ging es mir schon deutlich besser."

Doch Werte sind nicht gefühlsabhängig, sondern sie sind der handfeste Untergrund, der auch in Drucksituationen standhält. Wer sein Haus auf Werte aufbaut, der baut nicht auf Sand. Und wenn der Sturm kommt oder die Wellen hoch gegen das Mauerwerk schlagen, dann besteht nicht die Gefahr, dass das Dach einstürzt und die Wände weggespült werden. Menschen, die ihr Leben auf feste Werte (und damit sind nicht Immobilien gemeint!) bauen, sind nicht von Modeströmungen abhängig.

An dieser Stelle komme ich auch noch einmal auf unseren Charakter zurück. Dieser Charakter wird aus mehreren Quellen gespeist. Zum einen spielen sicher unsere Anlagen und Veranlagungen eine Rolle, zum anderen ist aber auch wichtig, welche Werte wir in unserer Kindheit kennen gelernt haben. Und hier sind wir wieder bei unserer Lebenseinstellung, bzw. bei unserer Haltung zum Glück. Der amerikanische Unternehmens- und

Lebensberater Stephen R. Covey hat in einem seiner Bücher folgende Feststellung getroffen: „Wir sehen die Welt nicht so, wie *sie* ist, sondern so, *wie wir* sind.“ (Die sieben Wege zur Effektivität)

„Wir sehen die Welt nicht so, wie sie ist, sondern so, wie wir sind.“ Stephen R. Covey

Das deckt sich mit den Forschungsergebnissen diverser Glücksforscher, die einen deutlichen Zusammenhang zwischen eigener Lebenseinstellung und Glücksempfinden festgestellt haben. Um es auf den Punkt zu bringen, könnten wir sagen: „Das einzig Objektive ist das Subjektive!“, was soviel bedeutet wie: So wie wir die Welt sehen, so ist sie für uns (… auch wenn sie vielleicht ganz anders ist oder von anderen völlig anders wahrgenommen wird). Und nun schließt sich der Kreis: Wir nehmen die Welt immer auf dem Hintergrund unserer eigenen Werte wahr. Sie sind so etwas wie unsere Brille, durch die wir die Umwelt und alles, was uns begegnet sehen.

Vielleicht ist es manchmal notwendig, die Brille zu wechseln. Damit meine ich nicht, dass wir Ehrlichkeit, Treue, Vertrauenswürdigkeit oder Liebe einfach austauschen sollten gegen Lüge, Untreue, Unzuverlässigkeit oder sprunghafte Partnerschaften. Genau das Gegenteil ist gemeint. Kaum einer will sich im Leben verschlechtern. Daher sollten wir unsere Werte überprüfen, ob sie wirklich tragfähig sind oder ob es vielleicht bessere gibt. Und wenn wir sie gefunden haben, dann sollten wir die Brille wechseln. Die Sicht wird besser dadurch. Ein Beispiel: Man kann sich den ganzen Tag ärgern, aber man ist nicht dazu verpflichtet!

Natürlich können wir unseren Blick immer nur auf das Negative in unserem Leben richten und uns über das (scheinbare oder tatsächliche) Glück der anderen um uns herum ärgern. Natürlich können wir immer nur das sehen, was uns misslingt, wo wir Schwächen haben, wo das Leben uns (scheinbar) etwas vorenthält. Es geht aber auch anders! Deshalb formuliert zum Beispiel Richard Wiseman einen Satz wie „Das Glück ist erlernbar!“

Auch andere Glücksforscher weisen darauf hin, dass es durchaus möglich ist, Lebensmotive, Wertvorstellungen, Einstellungen und sogar komplette Lebensentwürfe zu ändern und auszutauschen, wenn wir feststellen, dass unsere bisherigen uns nur in eine Sackgasse führen. Aber: Die Veränderung muss von innen kommen!

Veränderung muss von innen kommen!

Nehmen wir einen Stein, der ins Wasser geworfen wird und Kreise zieht. Zunächst einmal sind die Kreise sehr dicht am Kern. Doch dann werden sie immer weiter.

Wenn wir Veränderungen in unserem Leben bewirken wollen, sollten wir nicht mit dem äußersten Ring beginnen, denn der ist noch nicht an der Reihe. Es geht um den innersten Ring, den, der uns am nächsten liegt. Die weiteren Ringe ergeben sich von allein. „Von innen nach außen“, lautet der Kernsatz.

Eine neue Art, die Welt zu sehen

Glücksforscher haben herausgefunden, dass glückliche Menschen eine eigene Art haben, die Welt zu sehen. Zum Beispiel beurteilen sie „neutrale Ereignisse“ für sich persönlich vorteilhafter als Menschen, die eine eher negative Einstellung haben. Probleme werden auch erkannt, aber sie werden anders gedeutet. Ihre Wertvorstellungen, Weltanschauungen, Vorlieben und ihre gesamte Lebenseinstellung bildet ein sicheres Fundament, auf das sie sich zu jeder Zeit zurückziehen können. Sie blicken stärker in die Zukunft als in die Vergangenheit, setzen sich realistische Ziele, die sie erreichen wollen und haben einen Blick für das Glück, selbst dann, wenn es sich im Unglück versteckt hat.

Wir werden in unserem Verhalten von unseren Gewohnheiten bestimmt. Die Psychologen streiten sich noch, ob wir zu 75 oder zu 90 Prozent von Gewohnheiten geprägt sind, aber letztlich stimmt die Aussage: „Der Mensch ist ein Gewohnheitstier."

Wenn wir bestimmte Handlungen, die vielleicht anfangs nur sporadisch sind, eine Zeit lang wiederholen, entwickeln sie sich zu festen Gewohnheiten. Gewohnheiten gehören zu unserem Leben dazu. Deshalb: Schaffen Sie sich Gewohnheiten an, die das Glück in Ihr Leben einladen.

Schaffen Sie sich Gewohnheiten an,
die das Glück in Ihr Leben einladen.

Das ist schwieriger als wir auf den ersten Blick denken. Sich Dinge anzugewöhnen ist leicht, sie wieder loszuwerden, dauert manchmal ein ganzes Leben. Vielleicht fällt es Ihnen schwer, anderen zuzuhören. Bevor sie ihren Satz beendet haben, haben Sie schon wieder das Wort ergriffen und reden weiter. Vielleicht ist Ihnen das auch egal, aber Sie könnten sich auch fragen, was ist es Ihnen wert, diese Gewohnheit zu ändern. Sie könnte unter Umständen verhindern, dass sich Menschen gerne mit Ihnen unterhalten und Sie an Ihrem Glück teilhaben lassen. Sie könnte auch verhindern, dass Sie im Beruf mit bestimmten, wichtigen Aufgaben betraut werden. Vielleicht denkt Ihre Chefin oder Ihr Chef, diese Aufgabe sei nichts für Sie, weil Sie „ja noch nicht einmal richtig zuhören, wenn sie erklärt wird".

Oder Sie haben die Gewohnheit, bei kleinsten Anlässen „aus der Haut zu fahren". Auch das fördert nicht gerade gute Beziehungen. Oder Sie verbreiten Angst. So etwas sind Barrieren auf dem Weg zum Glück, das Sie z.B. in guten Beziehungen zu anderen Menschen finden könnten. Die entscheidende Frage wird sein: Was ist es Ihnen wert, diese Gewohnheiten zu ändern? Wenn es Dinge gibt, die Ihr persönliches Glück verhindern, und Sie haben die Möglichkeit, sie wegzuräumen, sollten Sie nicht damit warten.

Positive Werte und positive Gewohnheiten dagegen sollten gepflegt werden. Vielleicht gehören Sie zu den glücklichen Menschen, die erfahren haben, dass es gar nicht so schlecht ist, klare Prinzipien, Werte und Leitlinien zu haben. Werte können in unserem Leben wachsen, neu entstehen oder wieder zu neuer Wertigkeit gelangen.

Vielleicht haben Sie auch schon mal beobachtet, dass Menschen, die nach klaren Wertmaßstäben leben, im Berufsleben zum Beispiel schneller und leichter Verantwortung übertragen bekommen als andere, die immer den Eindruck machen, als wüssten sie nicht, „wo's im Leben lang geht". Menschen, die ehrlich sind und z.B. klare Maßstäbe in Bezug auf den Umgang mit Geld haben, wird eher die Kasse anvertraut als anderen, die ständig ihre Kolleginnen und Kollegen „anpumpen", weil am Ende des Geldes mal wieder zuviel Monat übrig ist. Oder Menschen, die sich für andere einsetzen und – im Sinne von Idealismus – fair sind und für Gerechtigkeit sorgen, gelangen in Betriebsräte oder Mitarbeitervertretungen.

Banale Beispiele, aber unser Leben verläuft an sehr vielen Stellen auf ganz einfache und logische (d.h. in einer von Ursache und Wirkung bestimmten) Weise ab.

Oft habe ich erlebt, dass andere neidisch auf diese Leute schauen, die ihrer Meinung nach mit Glück bestimmte Positionen oder Erfolge erzielt haben. Nur sehr selten handelt es sich dabei aber um Glück. Oft ist es nur die logische Folge von einem werteorientierten Verhalten, das entweder in der Kindheit gelernt oder aber im Laufe der Zeit angeeignet wurde. Dabei geht es wirklich um das Zentrum unseres Lebens.

Auf welche Säulen bauen wir?

Was ist Ihnen wirklich wichtig? Worauf baut Ihr Leben auf? Der amerikanische Psychologe Abraham Maslow hat gesunde, erfolgreiche und glückliche Menschen erforscht. Dabei entdeckte er, dass man die menschlichen Bedürfnisse nach einer bestimmten Rangordnung einteilen kann. Er hat daraus eine Pyramide zusammengestellt, die das Thema „Werte" aus Sicht der Bedürfnisse der Menschen beschreibt. Die einzelnen Stufen bauen aufeinander auf, d.h. dass zuerst die Bedürfnisse der ersten Stufe erfüllt sein müssen, bevor die nächste Stufe erreicht wird.

Die Stufen sind:

1. **Grundbedürfnisse** (Essen, Trinken, Schlafen, Sexualität);
2. **Sicherheit** (materielle und berufliche Sicherheit);
3. **Soziale Bedürfnisse** (Gruppenzugehörigkeit, Partnerschaft, Kommunikation, Liebe, Freundschaft);
4. **Soziale Anerkennung** (Geltung, Selbstachtung, Macht und Einfluss)
5. **Selbstverwirklichung** (Individualität, Selbstlosigkeit, Ausleben des eigenen Potentials)

Diese Pyramide gehört zum Basiswissen der Psychologie und wird in Managementkreisen vor allem beim Training von Verkaufspersonal gelehrt. Welche Bedeutung kann dieses Stufenmodell für die Beschäftigung mit dem Thema „Glück" haben?

Auf jeder Stufe kann Glück erlebt werden, aber die Reihenfolge ist nicht unwichtig. Viele suchen das Glück ausschließlich als Teil der fünften Stufe, nämlich in der Selbstverwirklichung. Sie wundern sich dann, wenn sie Schiffbruch erleiden, weil sie vier Stufen übersprungen haben.

Auf der anderen Seite kann schon das Erfüllen der Grundbedürfnisse der ersten Stufe glücklich machen. Wichtig dabei ist aber zu wissen, dass dieses Glücksgefühl nicht alles sein muss, sondern dass auf den anderen Stufen noch weiteres Glück zu finden ist. Zum anderen hilft diese Pyramide aber auch, das Glück nicht auf Stufen zu suchen, wo wir uns gar nicht befinden.

Eine Form des Glücks

Vor einigen Jahren lernte ich den Kabarettisten Hanns Dieter Hüsch kennen. Er wurde mir als „Menschenfreund" beschrieben – und tatsächlich habe ich ihn als solchen erlebt. Als ich ihn einmal nach seinen Werten fragte, sagte er: „Das ist nicht einfach zu beschreiben, weil man jeden Tag in neue, unerwartete Situationen gerät. Mir sind die alten Tugenden sehr viel wert. Simple Alltagstugenden wie Höflichkeit, Freundlichkeit, Disziplin, und dass man sich auf Menschen verlassen kann. Am wichtigsten ist es mir aber, dass man möglichst sozial mit seinen Mitmenschen umgeht und großen Respekt vor der Meinung der anderen hat."

Auf die Frage, ob sich die Gewichtung der Werte im Laufe der Jahre verändere, erzählte er, dass er die meisten seiner Werte bereits als Kind gebildet habe. Er habe „von klein auf an diesen sozialen Werten gehangen". Daher hätte es ihn immer verwundert, wenn Menschen über Menschen hergefallen seien. Für ihn habe der Respekt vor den anderen immer ein sehr hohes

Gut bedeutet. Das war in seinen Kabarettprogrammen auch zu spüren. Und wer sie aufmerksam über die Jahre verfolgt hat, der konnte erkennen, dass es Hüsch immer auf Werte ankam, die eine besondere Haltung anderen Menschen gegenüber beinhalteten.

Ganz nebenbei: Wenn Erfolg glücklich macht, dann ist Hüsch einer der glücklichsten Menschen in Deutschland. Über 50 Jahre stand er auf der Bühne und wurde als die „Seele des deutschen Kabaretts" bezeichnet. Wenn er sein Lebensmotto in einem Satz zusammenfassen müsste, dann würde der lauten: „Ich setze auf die Liebe. Schluss."

Neben der Liebe hat Hüsch noch ein anderes Thema, das ihm wichtig ist: Heiterkeit. Diesen Begriff habe ich bei meinen Recherchen zu diesem Buch immer wieder angetroffen. Glückliche Menschen sind nicht leicht*sinnig*, aber leicht*füßig*. Sie haben eine unbeschwerte Lebenseinstellung, weil sie für sich Ankerpunkte gefunden haben.

Glückliche Menschen sind nicht leichtsinnig, aber leichtfüßig. Sie haben eine unbeschwerte Lebenseinstellung, weil sie für sich Ankerpunkte gefunden haben.

Ein Stück Heiterkeit und Gelassenheit kommt auch in den Versen zu Tage, die landläufig als die „Lebensregeln von Baltimore" bekannt geworden sind. Dabei handelt es sich um die Regeln der Old Saint Paul's Church (1692) von Baltimore. Der amerikanische Dichter Max Ehrmann hat sie zu Papier gebracht. Sie sind tausendfach kopiert und von Hand zu Hand weitergereicht worden. Ihr Rat ist ebenso einfach wie praktisch, kurz und knapp werden Lebensweisheiten auf den Punkt gebracht, die äußerst nachdenkenswert sind. Selbst wenn nur ein Bruchteil dieser Anregungen ins eigene Leben umgesetzt werden, befindet man sich auf dem Weg in eine glücklichere Zukunft.

Die Lebensregeln von Baltimore

Geh deinen Weg gelassen
im Lärm und in der Hektik dieser Zeit
und behalte im Sinn
den Frieden,
der in der Stille wohnt.

Bemühe dich
mit allen Menschen auszukommen,
soweit es dir möglich ist,
ohne dich selbst aufzugeben.

Sprich das,
was du als wahr erkannt hast, klar aus,
und höre anderen Menschen zu,
auch den Langweiligen und Unwissenden,
denn auch sie haben etwas zu sagen.

Meide aufdringliche und aggressive Menschen,
denn sie sind ein Ärgernis für den Geist.

Vergleiche dich nicht mit anderen,
damit du nicht eitel
oder bitter wirst,
denn es wird immer
Menschen geben, die größer
sind als du, und Menschen,
die geringer sind.

Erfreue dich an dem,
was du schon erreicht hast,
wie auch an deinen Plänen.

Bleibe an deinem
beruflichen Fortkommen interessiert,
wie bescheiden es auch sein mag;
es ist ein echter Besitz in den Wechselfällen
der Zeit.

Sei vorsichtig in den
geschäftlichen Angelegenheiten,
denn die Welt ist voller Trug.
Lass dich jedoch dadurch nicht blind machen
für die Tugend, die dir begegnet.

Viele Menschen haben hohe Ideale,
und wo du auch hinsiehst,
ereignet sich im Leben
Heldenhaftes.

Sei du selbst,
und, was ganz wichtig ist,
täusche keine Zuneigung vor.

Hüte dich davor,
der Liebe zynisch zu begegnen,
denn trotz aller Dürreperioden
und Enttäuschungen
ist sie beständig wie das Gras.

Nimm den Rat, den dir die Lebensjahre geben,
freundlich an,
und lass mit Würde ab von dem,
was zur Jugendzeit gehört.

Stärke die Kraft deines Geistes,
so dass sie dich schützt,
wenn ein Schicksalsschlag dich trifft.

Doch halte deine Fantasie im Zaum,
damit sie dich nicht in Sorge versetzt.

Viele Ängste wurzeln in Erschöpfung
und Einsamkeit.

Übe gesunde Selbstdisziplin,
doch vor allem
sei gut zu dir.

Du bist ein Kind des Universums,
nicht weniger als die Bäume und die Sterne:
Du hast ein Recht, da zu sein.

Und ob es dir nun bewusst ist oder nicht:
Ganz sicher entfaltet sich das Universum so,
wie es ihm bestimmt ist.
Lebe daher in Frieden mit Gott,
wie auch immer du ihn dir vorstellst.

Und worauf du deine Anstrengungen richtest,
was es auch ist, das du erstrebst,
im lärmenden Durcheinander des Lebens
sei mit dir selbst im Reinen.

Trotz allen Trugs,
aller Mühsal und aller zerbrochenen Träume
ist die Welt doch wunderschön.

Sei heiter.

Strebe danach, glücklich zu sein.

Glückliche Menschen …

… wissen, wozu sie geboren sind und machen das Beste daraus

Arbeit bedeutet atmen für mich;
wenn ich nicht arbeiten kann,
kann ich nicht atmen!

Pablo Picasso, Maler

Anne hatte einen Traumberuf. Schnell war sie in ihrer Firma aufgestiegen und hatte nach der Ausbildung so etwas wie eine „steile Karriere“ gemacht: Produktmanagerin in einem mittelständischen Industriebetrieb. Auch privat war sie vom Glück reich bedacht worden, führte eine wundervolle Ehe, hatte zwei Kinder. Als Familie hatten sie eine Lebensform gefunden, die für alle Bedürfnisse genug Platz ließ. Das doppelte Gehalt (ihr Mann war Teilhaber in einer Arztpraxis) wurde unter anderem dazu genutzt, Hilfe für den Familienalltag anzustellen.

Doch mit 38 Jahren geschah etwas, das ihr Leben in neue Bahnen lenken sollte. Anne weiß bis heute nicht, warum es passierte, aber sie kann sich noch genau an den Tag erinnern, an dem sie sich auf einmal wie aus heiterem Himmel fragte: „Wozu das alles?“

Diese Frage ließ sie nicht mehr ruhig schlafen. Sie sprach oft mit ihrem Mann darüber, der sie zuerst gar nicht so richtig verstehen konnte. „Fehlt uns irgendetwas im Leben? Wir haben doch alles, wir sind doch glücklich!“, antwortete er auf die immer wieder neu gestellte Frage nach dem Sinn.

Doch die Gespräche führten schließlich dazu, dass auch ihr Mann langsam seine eigene Arbeit hinterfragte und zu dem Entschluss kam, über Alternativen nachzudenken. Auf einer Messe fiel den beiden ein Stand von einem Entwicklungshilfswerk auf, das Mitarbeiter für ein Projekt in Westafrika suchte. Nachdem sie das Informationsmaterial studiert hatten und immer wieder darüber sprachen, welche Richtung ihr Leben einmal nehmen sollte, kam es zu einer Entscheidung mit großer Tragweite. Anne kündigte ihre Stelle und ihr Mann regelte die Nachfolge für seine Arztpraxis. Er würde in Zukunft in einem Krankenhaus in Afrika arbeiten und Anne würde in der Verwaltung eine leitende Stellung bekommen. Verwandte, Kollegen, Freunde und Nachbarn schüttelten nur die Köpfe. „Spinnen die? Wie kann man ein so gutes Leben einfach aufgeben?“ – „Und was ist mit den Kindern?“, so fragten sie sich.

Doch die Entscheidung war getroffen. Schritt für Schritt ging es in Richtung Afrika: Verträge mit der Organisation wurden abgeschlossen, Sprachkurse belegt, die Reiseplanung in Angriff genommen – und schließlich kam die Abreise.

Was zunächst als „verrückte Idee kurz vor der Midlife-Crisis“ interpretiert wurde, entpuppte sich selbst für kritische Begleiter in der Heimat schließlich als ein „Aha-Effekt“. „So etwas gibt es also auch“, stellten sie erstaunt fest, denn die Briefe und Informationen von Anne und ihrer Familie waren so positiv, dass kein Zweifel daran bestehen konnte: Das Lebensglück hatte sie nicht verlassen, sondern sie hatten es in Afrika erst wirklich gefunden.

Szenenwechsel: Thomas hat die Schule nie wirklich interessiert. Schon als Kind hat er lieber gebastelt als sich am Schreibtisch mit Geschichte, Biologie oder Politik zu beschäftigen. Als Teenager richtete er sich einen Hobbykeller ein. Hier konnte er stundenlang „vor sich hinwerkeln“, wie sein Vater im Kollegenkreis öfter spöttisch bemerkte. Seine Eltern waren der Meinung, dass „ihr Sohn eine gute Ausbildung haben sollte“. Schließlich wuchs er in einer Akademikerfamilie auf. Sein Vater war Professor für Geologie und eine anerkannte Kapazität.

Mit reichlich Nachhilfestunden schaffte Thomas dann

schließlich sein Abi doch noch mit einem ganz guten Notenschnitt. Für seine Eltern war klar, dass jetzt ein Studium folgen würde. Gemeinsam wurde beratschlagt und schließlich eine Entscheidung getroffen: Geschichte und Politik. Für Thomas war das Beste an dieser Entscheidung, dass er von zu Hause ausziehen konnte. Dann kamen die ersten Prüfungen und er merkte, dass für die Scheine einiges Wissen gefragt war, das er nicht unbedingt in den Kneipen und Discos bekommen konnte. Gemeinsam mit Freunden gründete er eine Lerngemeinschaft und schaffte einen Notendurchschnitt von 3. Für seinen Vater war das die reine Katastrophe, hatte er doch gedacht, dass „der Junge mit zunehmenden Alter vernünftig würde".

Nach fünf Semestern stellte sich Thomas die Frage nach seiner Identität. Er fragte sich, ob er eigentlich nur das im Leben sein soll, was sein Vater von ihm verlangt. Das Studium machte einfach keinen Spaß und er hatte zunehmend den Eindruck, seine Zeit zu vergeuden. Er wollte nicht nur mit dem Kopf, sondern mit seinen Händen arbeiten. Und dann kam der Punkt, den Thomas heute als einen der glücklichsten Momente seines Lebens bezeichnet: Er fuhr in den Semesterferien nach Frankreich und kam nicht mehr zurück. Nachdem er einige Wochen die „französische Lebensart" studierte, bekam er in einem Dorf in den Pyrenäen Kontakt zu einem Schreiner. Das Ergebnis war eine Ausbildung.

Noch heute – zehn Jahre nach dieser Entscheidung – ist er glücklich und sieht sein Handwerk nicht nur als Beruf, sondern als Berufung an. Die Hochschulwelt findet ohne ihn statt, aber er hat sich noch keinen Tag nach dem Hörsaal zurückgesehnt.

Zwei Beispiele, wie Menschen zu dem finden, was ihnen innere Befriedigung gibt und sie erfüllt. Es ist interessant, dass viele Psychologen heute den Begriff „Berufung" als Lebensthema neu entdeckt haben. In der „Lebensaufgabe" oder „Berufung" können Menschen wirklich aufgehen – und das macht sie glücklich. Denn die meisten wollen nicht nur Geld verdienen, sondern möchten etwas „Sinnvolles“ tun. Sie wollen nicht nur einen „Job“, der sie ernährt, sondern sie wollen Zufriedenheit und damit „Glück“.

Wer mit 20 Jahren eine Arbeitsstelle antritt und mit 63 in Rente geht, der hat ca. 70.950 Stunden gearbeitet. Ich kann die Leute verstehen, die mir gesagt haben: „Wem die Arbeit Spaß macht, der kann sich viele schöne Stunden im Leben bereiten!“ Der überwiegende Teil des Lebens wird auf der Arbeitsstelle verbracht. Glücklich ist derjenige, der dabei das tun darf, was ihm Freude macht und ihn mit Sinn erfüllt.

Wem die Arbeit Spaß macht, der kann sich viele schöne Stunden im Leben bereiten!

„Flow“ bei der Arbeit

In der Psychologie wurde durch den amerikanischen Glücksforscher Mihaly Csikszentmihalyi der sogenannte „Flow“-Begriff geprägt. Damit meint man das völlige Aufgehen in einer Aufgabe oder in einer Tätigkeit. Am besten ist dieser Effekt bei Kindern zu sehen, die völlig in einem Spiel aufgehen und „die Welt um sich herum einfach vergessen“. Csikszentmihalyi sieht, wenn „wir im Flow sind, unser Fühlen, unser Wollen und unser Denken in diesen Augenblicken eine Einheit bilden“. Es spielen für uns weder Zeit noch wir selbst eine Rolle. In seiner Analyse kommt der Psychologe zu folgenden Bestandteilen, die zum „Flow“-Effekt gehören:

1. **Wir sind der Aktivität gewachsen.** Das bedeutet, dass wir glauben, die Herausforderung der Aufgabe annehmen und sie bewältigen zu können.
2. **Wir sind fähig, uns auf die Aufgabe zu konzentrieren.** Nichts kann uns ablenken, nicht einmal unsere eigenen Gedanken, denn wir hinterfragen die Aufgabe nicht.

3. **Es gibt ein Ziel für die Aufgabe.** Es ist klar umrissen, was wir tun müssen und wir sind bereit, es zu tun.
4. **Die Aktivität erhält eine Rückmeldung.** Wir werden erfahren, ob wir gut oder schlecht waren, ob es richtig oder falsch getan wurde.
5. **Unsere Sorgen um uns selbst verschwinden.** Wir gehen so in der Aufgabe auf, dass wir gar keine Gedanken mehr für uns selbst übrig haben.
6. **Unser Gefühl für Zeitabläufe ist verändert.** Wir haben den Eindruck, dass die Sanduhr schneller läuft. Wir verlieren das Zeitgefühl und sind später erstaunt, wie schnell „die Zeit vergangen ist".

Bei einer Umfrage des Nachrichtenmagazins „Focus" (Nr. 7/2004) gaben 44 Prozent der Befragten an, das „Wichtigste an meiner Arbeit ist für mich … das Geld, das ich damit verdiene". 33 Prozent sagten „… die Freude an der Arbeit als solcher" und 18 Prozent gaben „… der Kontakt mit Kolleginnen/Kollegen" an. Natürlich gab es Unterschiede zwischen Ost und West und zwischen Männern und Frauen. Interessant war, dass auch die Schulbildung Einfluss auf die Bewertung der Arbeit hat. So war z.B. bei den Befragten mit Abitur/Universität mit 49 Prozent die Angabe „… die Freude an der Arbeit" über dem Durchschnitt, während bei den Befragten mit Hauptschulabschluss 50 Prozent angaben, das Geld sei das Wichtigste.

Egal, wie die Bewertungen im Einzelnen ausfallen, gibt es doch bestimmte Dinge, die wir alle mit Arbeit erleben wollen. Keiner möchte Dinge tun, die völlig unsinnig sind. Wenn wir ausschließlich für die Müllkippe arbeiten oder alles, was wir machen, den Weg in den Papierkorb findet, dann fällt es uns mit Sicherheit schwerer, glücklich zu sein, als wenn wir Anerkennung, Lob, Ergebnisse und Erfolge am Arbeitsplatz erleben.

Unsere Einstellung zur Arbeit und unsere Erlebnisse am Arbeitsplatz tragen wesentlich dazu bei, ob wir uns glücklich fühlen oder nicht. Arbeit kann glücklich machen. Ich erinnere mich noch sehr gut an die Aussage eines Managers bei einem Seminar, der laut eigener Aussage „die 35-Stunden-Woche so gut fand, dass er sie jede Woche gleich zweimal machte“. Dem entspricht auch die Feststellung eines Jungunternehmers, der so von seiner Arbeit in Beschlag genommen wurde, dass er irgendwann feststellte, ein Workaholic zu sein. Er wollte auch immer mal in eine Selbsthilfegruppe gehen, aber die viele Arbeit ließ ihm keine Zeit dazu …

Welchen Sinn gibt Arbeit?

Glücksmomente auf der Arbeit haben wir dann, wenn wir Erfolge sehen, wenn wir Anerkennung und Lob ernten, wenn wir selbst etwas Neues entdecken, wenn wir kreativ sein können, wenn wir etwas Wertvolles für andere schaffen oder tun, wenn wir Ziele erreichen, Verantwortung tragen oder übertragen bekommen, wenn wir davon überzeugt sind, dass wir etwas Sinnvolles tun.

Glücksmomente auf der Arbeit haben wir dann, wenn wir davon überzeugt sind, dass wir etwas Sinnvolles tun.

Natürlich erleben wir auch Glücksmomente, wenn wir eine ansehnliche Summe auf unserem Gehaltszettel entdecken, aber Geld kann uns nur bis zu einem bestimmten Grad motivieren. Warum sonst gibt es Top-Manager, die einfach aussteigen und eine entlegene Insel im Pazifik besetzen. Ist das der berühmte Robinson-Effekt, den sie bei ihren Mitarbeitern immer bemängelt haben? Schon montags „Warten auf Freitag“? Oder ist es das Auskosten des Lebenserfolgs, den sie schon mit 45 erreicht zu haben meinen? Vielleicht ist es eher das berühmte „Loch in der Seele“, das ihnen zeigt, dass Geld nicht alles ist.

Ob wir mit unserer Arbeit glücklich werden, hat viel mit unserem Selbstverständnis, mit unserer Identität, zu tun. Wer bin ich? Wer will ich sein? Gerade erfolgreiche Menschen überkommt oft ein Gefühl der Sinnlosigkeit und der Leere. Da sitzt zum Beispiel ein berühmter Musiker in einem Hotelzimmer in Wien. Er weiß, dass weltweit Poster mit seinem Gesicht in den Zimmern der jugendlichen Fans hängen, aber er fühlt sich innerlich ausgebrannt und leer. Gerade erfolgreiche Menschen kennen die Sehnsucht nach mehr, ein ungestilltes Hungergefühl, das unglücklich macht.

Der amerikanische Lebens- und Unternehmensberater Stephen R. Covey fordert die Teilnehmer seiner Seminare auf, sich selbst eine Beerdigungsrede zu schreiben. Etwas makaber, aber sehr effektvoll, denn die Teilnehmer müssen auf einmal ihr Leben vom Ende her betrachten. Eine Übung, die einen starken Effekt auslösen kann. Was soll einmal auf unserem Grabstein stehen? Vielleicht: „Arbeit war sein Leben"? Eigentlich eher die Grabinschrift für ein Pferd. Oder vielleicht steht darauf: „Entspann' dich endlich!" Bei manchen wird draufstehen müssen: „Ich vergebe nichts!"

Andere schreiben vielleicht einfach nur „Danke" drauf. Vielleicht lautet die Inschrift: „Ich habe getan, was ich konnte, aber es war zu wenig", oder „Endlich glücklich und zufrieden!"

Ich habe Menschen kennen gelernt, die würden auf ihren Grabstein schreiben: „Es hat alles einen Sinn gehabt." Diese Menschen machten mir schon jetzt einen durchaus glücklichen Eindruck.

Kann es zum Beispiel sinnvoll sein, sich das ganze Leben abzurackern, um dann irgendwann das zu genießen, was man vorher schon lange hätte genießen können?

Vielleicht kennen Sie die „Anekdote zur Senkung der Arbeitsmoral", die Heinrich Böll erzählt. In einem Hafen an einer westlichen Küste Europas liegt ein ärmlich gekleideter Mann in seinem Fischerboot und döst. Ein schick angezogener Tourist legt eben einen neuen Farbfilm in seinen Fotoapparat, um das idyllische Bild zu fotografieren. Dabei verwickelt der Tourist den Fischer in ein Gespräch. Mit zahlreichen Argumenten will er den Fischer motivieren, doch nicht in der Sonne zu liegen, sondern noch einmal hinaus zu fahren, um weitere Fische zu fangen. Der Fischer war aber mit seinem Fang zufrieden. Der Tourist versucht, dem Fischer eine motivierende Perspektive zu eröffnen. Er würde sich von dem zusätzlichen Geld einen neuen Motor, ein neues Boot, zwei weitere Boote, einen Kutter, zwei Kutter, ein kleines Kühlhaus, eine Räucherei, eine Marinadenfabrik, einen eigenen Hubschrauber kaufen können und schließlich mehrere Fischrestaurants eröffnen können. Nachdem der Redeschwall verklungen war, fragte der Fischer den Touristen ganz leise: „Und dann?“ – Die Antwort kam voller Begeisterung: „Ja, dann“, sagte der Tourist, „dann können Sie beruhigt hier im Hafen sitzen, in der Sonne dösen – und auf das herrliche Meer blicken.“ – „Aber“, sagte darauf der Fischer, „das tu ich doch jetzt schon. Ich sitze ruhig am Hafen und döse.“

Eine Lebensaufgabe finden

Erinnern Sie sich noch an die Aussage im Kapitel über unsere Vergangenheit? *Sie sind einzigartig!* Jeder Mensch ist etwas Besonderes und es gibt keinen Menschen zweimal. Sie haben eine einzigartige Kombination aus Stärken und Schwächen, aus Begabungen und Eigenheiten, aus positiven und negativen Charaktereigenschaften. Je mehr Sie über sich selbst wissen und sich selbst mit ihren Fähigkeiten und Schwächen kennen gelernt haben, desto unabhängiger werden Sie von den Beurteilungen und Meinungen anderer Menschen.

Sie werden erkennen, dass Sie Eigenschaften und Stärken haben, die völlig unabhängig von der Beurteilung anderer Menschen sind. Sie werden entdecken, dass es auch für Ihr Leben so etwas wie eine „Lebensaufgabe“ gibt, die nur Sie erfüllen können. Ihr Leben ist nicht wertlos, sondern äußerst wertvoll! Es hat sich jemand etwas dabei gedacht, dass Sie geboren wurden. Sie sollten leben!

Das bedeutet aber auch, dass es auf dieser Erde einen Platz gibt, der für sie freigehalten ist. Einen Platz, den nur sie ausfüllen werden. Wenn Sie diesen Platz gefunden haben, werden Sie erstaunt sein, zu welchen Leistungen Sie fähig sind. Sie werden Dinge entdecken, die Sie selbst überraschen. Menschen, die einen Sinn für ihr Leben gefunden haben, leben nicht mehr passiv, sondern aktiv. Selbst die Dinge in die Hand zu nehmen, selbst aktiv zu sein – ob das im Beruf, in der Familie oder in vielen Lebenssituationen ist – gehört zu den Basisvoraussetzungen zum Glücklichsein.

Wer seine Lebensaufgabe erahnt, weiß, dass es mehr im Leben gibt, als nur die Karriere. Menschen, die eine Aufgabe haben, werden nicht mehr so leicht von äußeren Umständen getrieben. Sie haben auch einen Anker, an dem sie ihr Leben immer wieder festmachen können.

Die Lebensaufgabe zu entdecken, passiert nicht in einem einzigen Moment, sondern ist eine Entwicklung. Es fällt also nicht der berühmte Zettel vom Himmel, auf dem klar die Anweisung fürs Leben steht. Bei jedem wird es unterschiedlich sein, wie diese Aufgabe erkannt wird. Die einen haben einen „Aha-Moment“, wo ihnen auf einmal deutlich wird, was sie „schon immer machen wollten“. Dem ist aber auch eine Entwicklung vorausgegangen. Bei anderen wird die Aufgabe von außen an sie herangetragen und sie erkennen, dass sie gar nicht anders können, als sie zu übernehmen. Wieder andere haben Begabungen und Talente, die bestimmte Wege vorzeichnen.

Vielleicht können wir das mit einer Kamera vergleichen, die erst dann ein scharfes Bild zeichnet, wenn wir die Brennweite richtig einstellen. Vorher bleibt alles verschwommen und unscharf. Genauso bleibt ein Leben unscharf und verschwommen, bis es den Fokus auf eine bestimmte Aufgabe richtet.

Zwei Beispiele aus unterschiedlichen Bereichen:

Rupert Neudeck wurde 1939 in Danzig geboren. Nachdem er ein Jurastudium abgebrochen hatte, zog es ihn nach Bonn, Münster und Salzburg, wo er 1972 in Theologie promovierte. Seit 1976 arbeitete er als freier Journalist. Ende der Siebziger Jahre fischte er gemeinsam mit seiner Frau Christel Flüchtlinge aus Vietnam auf. Die so genannten „Boat-People" wurden der Anstoß zu einer weltweiten Hilfsorganisation, die mit „Cap Anamur" den Namen des Schiffes bekam, mit dem die ersten Flüchtlinge gerettet wurden. Gemeinsam mit dem Schriftsteller Heinrich Böll gründete Neudeck 1982 das Komitee „Cap Anamur/ Deutsche Notärzte e.V.", deren offizieller Sprecher er dann für Jahre ist. Seit über 20 Jahren leistet er mit seinem Hilfswerk humanitäre Hilfe in der ganzen Welt. Als „humanitäre Feuerwehr" hat er das Leben Tausender Menschen gerettet. Der gläubige Katholik sagt über seine Arbeit: „Das Unglück der anderen macht mir bewusst, wie viel Glück ich selbst in meinem Leben habe. Ich lebe in Mitteleuropa. Allein das ist schon ein großes, unverdientes, unverschämtes Glück. Aber: Man kann sein Haus schön einrichten, häufig Urlaub machen und immer mehr Dinge kaufen, und trotzdem bleibt das Gefühl: Alles kann das nicht sein. Es bleibt ein Rest. Heute bin ich glücklich darüber, wie viele Menschen Anteil nehmen am Schicksal anderer und helfen." (Interview mit DS 17/2000)

Wenn der Brasilianer *José Roberto da Silva Junior* auf seine Kindheit zurückschaut, dann kann er sich nur wundern, wie sich sein Leben entwickelt hat. Geboren am Rande der Armenviertel von Sao Paulo hatte er als Junge nur einen Traum: Fußballspieler werden. Weil seine Familie zu arm war, um Fußballschuhe zu kaufen, spielte er meistens barfuss. Heute gehört er als Zé Roberto zu den gefürchteten Außenspielern der Bundesliga. Man nennt ihn „Ball-Virtuose", „Zauberfußballer" oder „Samba-Fußballer".

Wenn ein Junge aus den Armenvierteln von Sao Paulo den Weg zum deutschen Rekordmeister Bayern München schafft, dann ist das schon eine erstaunliche Entwicklung. Seine fußballerischen Fähigkeiten sieht Zé Roberto als Geschenk Gottes an. Als Kind erlebte er ein Leben voller Unannehmlichkeiten und der Alltag war geprägt von einem Überlebenskampf. Sein Vater verließ die Familie, als Zé 13 Jahre alt war. Seine Mutter hatte mehrere Jobs nebeneinander, um die Familie überhaupt ernähren zu können. „Meine Mutter hat mich immer ermutigt. Nach schlechten Spielen fand ich bei ihr immer ein offenes Ohr. Sie trieb immer irgendwie das Geld auf und manchmal verkaufte sie persönliche Habseligkeiten, damit sie mir die Busfahrkarte zum Training bezahlen konnte. Als Jugendlicher habe ich dann Müllsäcke an den Haustüren verkauft oder Spielzeuge gebastelt, um ein bisschen Geld zu verdienen.“

Bei einem Lehrgang mit über 1000 Kindern wurde Zé Roberto entdeckt und erhielt seinen ersten Vertrag bei einem Profi-Fußball-Klub. Glück gehabt! Ein Kindheitstraum ging in Erfüllung. Wenn seine aktive Karriere zuende ist, möchte er gerne Straßenkindern in Brasilien die Möglichkeit geben, Fußball zu spielen.

Doch Zé Roberto sieht seinen bisherigen Lebensweg nicht nur als Ergebnis seines Talents oder des ständigen Trainings: „Ich führe meine Entwicklung darauf zurück, dass ich mit Gott ernst gemacht habe und seitdem meine Lebensgestaltung auf ihn ausrichte. Ab diesem Zeitpunkt hat Gott mein Leben verändert und ich kann es dankbar aus seiner Hand nehmen.“ (*Traumpass ins Leben*)

Zwei unterschiedliche Beispiele. Neudeck wurde mit einer Situation konfrontiert, in der er erkannte: „Ich kann nicht an der Not anderer Menschen vorübergehen. Ich muss helfen.“ Zé Roberto hat von Kindesbeinen an davon geträumt, Fußballspieler zu werden und dieser Traum hat sich erfüllt.

Zwei Beispiele, die damit zu tun haben, dass sich Lebenssituationen entwickelt und verändert haben. Beispiele von vielen, die hier angeführt werden könnten.

Wovon träumen Sie? Was können Sie wirklich gut? Gab es Situationen in Ihrem Leben, die Ihr Leben in eine andere Richtung gelenkt haben oder hätten lenken können? Haben Sie Ihre Lebensaufgabe bereits gefunden oder sind Sie offen dafür?

Die Freude kommt bei der Arbeit

Vielleicht standen Sie aber auch bei den letzten Seiten bei jeder Zeile in der Gefahr, dieses Buch in die Ecke zu schleudern. „Was soll das?“, haben Sie sich gefragt. Lebensthema! Papperlapapp. Ich habe mein Lebensthema: Montagmorgen 5 Uhr raus, arbeiten, abends die Kinder oder den Haushalt oder der Verein. Montags bis freitags immer wieder dieselbe Leier, am Wochenende ein bisschen feiern und entspannen, dann am Montag wieder alles von vorne. Wie kreativ kann ich eigentlich am Fertigungsband oder an meiner Kasse im Supermarkt sein?

Recht haben Sie! Das Glück liegt nicht immer in der Veränderung Ihrer Arbeitssituation, sondern kann auch darin liegen, dass Sie an der Stelle bleiben, an der Sie sich gerade befinden. Es liegt auch nicht darin, dass Ihr Lebenstraum unter allen Umständen in Erfüllung geht. Es gibt aber bestimmte Gegebenheiten, die dazu führen können, dass Sie an Ihrem Arbeitsplatz glücklich werden. Vielleicht leben Sie ja bereits in einer Situation, wo Sie mit ihrer Arbeit glücklich sind.

Untersuchungen zeigen, dass die Menschen am glücklichsten sind, die sich auch bei ihrer Arbeit herausgefordert, akzeptiert und anerkannt fühlen. Das ist völlig unabhängig von der Art der Tätigkeit.

Machen Sie doch einfach Ihren Beruf zu Ihrer Berufung. Wenn Sie Ihre Arbeit bloß als Job sehen, werden Sie vielleicht das Gefühl bekommen, dass Sie durch die Arbeit nur von dem abgehalten werden, was Sie eigentlich tun möchten. Wenn Sie Ihre Arbeit aber als Berufung sehen, ist sie nicht mehr nur Plackerei oder ein notwendiges Übel. Sie wird ein Teil Ihrer selbst und trägt zu Ihrem Lebensglück bei.

Menschen sind am glücklichsten, wenn sie sich auch bei ihrer Arbeit herausgefordert, akzeptiert und anerkannt fühlen.

Goethe hat einmal geschrieben: „Arbeite nur – die Freude kommt von selbst."

Ich mag Menschen, die ihre Arbeit gerne tun. Es macht mir einfach Spaß zu sehen, wie Menschen in ihren Aufgaben aufgehen. Da ist es völlig egal, was sie gerade tun. Ich fuhr einmal in einer S-Bahn, wo es dem Zugführer offensichtlich großen Spaß machte, seine Fahrgäste (*seine* Fahrgäste!) gut zu informieren. An der Art und Weise, wie er die einzelnen Stationen durchsagte und welche Zusatzinfos er verbreitete, konnte jeder im Zug feststellen, dass ihm die Arbeit Spaß machte.

Befragungen arbeitender Frauen haben ergeben, dass die Arbeit, auch in gleichartigen Berufen, von manchen als ständiger Stress gesehen wird und von anderen als positive Erfahrung, die ihnen das Gefühl gibt, ein selbst bestimmtes Leben zu führen. Das zeigt, dass es gar nicht auf die Art der Arbeit ankommt. Offensichtlich hat auch das mit der eigenen Einstellung zu tun. Bei der letzteren Gruppe war die Lebenszufriedenheit um achtundzwanzig Prozent höher als bei der anderen. (*Thakar und Misra: Journal of the Academy of Applied Psychology*)

Wir brauchen das Gefühl, dass das, was wir tun, wichtig ist und dass wir gebraucht werden. Sollte dieses Gefühl nicht vorhanden sein, wird es schwer fallen, Glück durch die Arbeit zu empfinden. Nur für den so genannten Broterwerb zu sorgen, sind über 70.000 Stunden wertvoller Lebenszeit eigentlich zu schade.

Das Problem vieler Menschen ist das Gefühl, dass sie nicht mehr gebraucht werden. Das Wirtschaftssystem ist gnadenlos. Und da fällt man schnell durchs Raster. Es ist schwer zu vermitteln, dass wir gebraucht werden, wenn wir gerade unsere Kündigung in Händen halten. Gnadenlos ist auch die Haltung, Menschen über 50 seien für den Arbeitsmarkt nicht mehr wichtig. Denn es stellt sich die Frage, wer das denn festlegt. Sehr wahrscheinlich wird die Altersgrenze immer mehr nach unten geschoben und irgendwann werden dann nur noch 15-jährige einen Arbeitsplatz bekommen …

Es ist eine verrückte Arbeitswelt, die aber eines deutlich macht: Wer passiv bleibt, der steht in der Gefahr, dass mit ihm etwas gemacht wird. Wer aktiv ist, der vergrößert seine Chance, weiter mitzuspielen. Aktive Menschen haben auch in schlechten Zeiten eher den Blick für Möglichkeiten, die sich ergeben. Passive Menschen stehen in der Gefahr, vom Pech verfolgt zu werden.

Jeder kann etwas

Wir brauchen das Gefühl, etwas zu können. Erfolgserlebnisse, die uns zeigen, dass gelungen ist, was wir gemacht haben, geben uns Zufriedenheit und Glücksgefühle. Wenn Sie Glück erleben wollen, sollten Sie Aufgaben übernehmen, die Sie gut können. Da spielt es auch keine Rolle, ob das Kochen, Montieren, Gärtnern, Tapezieren, Entwickeln, Managen oder die Buchhaltung führen ist. Wenn Sie mit etwas nicht zurecht kommen, suchen Sie Hilfe, um die Aufgaben zu erledigen. Etwas gemeinsam zu schaffen, ist immer noch besser als alleine an einer Aufgabe zu scheitern.

Wissenschaftliche Untersuchungen zeigen, dass Menschen, die zur Arbeit gehen, aber auch die, die zu Hause bleiben und sich z.B. um die Kinder kümmern, gleichermaßen mit ihrer Rolle zufrieden sind, wenn sie das Gefühl haben, dass sie in ihrem jeweiligen Aufgabenbereich wirklich gut sind.

Aufgaben und Arbeiten gut zu bewältigen stärkt das Selbstwertgefühl. Ein gesundes Selbstbewusstsein und Selbstwertgefühl ist wichtig, wenn wir glücklich werden wollen. Das Gefühl, zu „etwas nützlich zu sein“ braucht unseren Glauben, dass wir die Aufgabe tatsächlich gut können. Ein deutsches Sprichwort sagt: „Wo deine Gaben liegen, da liegen auch deine Aufgaben.“

Wo deine Gaben liegen, da liegen auch deine Aufgaben.

Es ist oft gar nicht so einfach, die eigenen Begabungen herauszufinden. Auch hier kann die Arbeitsstelle „Lebenshilfe“ leisten, indem wir auf einmal vor Aufgaben gestellt sind, die uns herausfordern und deren Bewältigung uns glücklich macht.

Auf der anderen Seite brauchen wir aber auch eine realistische Selbsteinschätzung über unsere wirklichen Fähigkeiten. Wer die neuesten Entwicklungen in der Medienbranche verfolgt, kann schon mal den Eindruck gewinnen, das Fernsehen sei vor allem dazu da, Leuten den Glauben zu geben, sie könnten etwas, obwohl sie es faktisch nicht können. Manche Casting-Shows geben jungen Leuten das Gefühl, ein singender Superstar zu sein, obwohl dem Zuschauer vor der Röhre die Milch sauer wird.

Aber nicht nur auf diesem Gebiet ist eine gesunde Selbsteinschätzung wichtig. Damit wir unsere Fähigkeiten voll ausreizen können, sollten wir sie kennen. Es kann eigentlich nur etwas geschult und gefördert werden, das bereits vorhanden ist. Zum Beispiel bin ich Journalist geworden, weil ich von Sprache, Formulierungen und dem Schreiben begeistert bin. Wenn ich das nicht wäre, dann wäre ich vielleicht Schreiner, Maler oder Autokonstrukteur geworden. Ich freue mich, wenn ich eine Zeitschrift in Händen halte, an der ich mitgearbeitet habe. Andere fragen sich, was sie denn damit anfangen sollen, wo sie noch nicht einmal im Urlaub eine Zeitung kaufen würden.

Das Gesamte im Blick haben

Wenn wir bei unserer Arbeit den Eindruck gewinnen, etwas Sinnvolles zu tun, dann hat das automatisch Einfluss auf unser gesamtes Lebensgefühl.

Dazu gehört auch, dass Sie sich selbst beweisen, dass Sie Aufgaben bewältigen können. Die wieder gewonnene Selbstachtung oder auch der erbrachte Beweis, dass Sie z.B. „noch lange nicht zum alten Eisen gehören“, sorgen für Glücksmomente. Selbst wenn wir bestimmte Dinge tun müssen – d.h. wir können sie uns nicht selbst aussuchen –, ist es möglich, Glück zu empfinden. Und manchmal können wir auch Schwächen mit Stärken auf anderen Gebieten ausfüllen. Wenn Sie Ihre Arbeit nicht ausfüllt, dann verlagern Sie doch den Schwerpunkt auf die übrige Zeit. Denken Sie an Menschen, die sich auf Ihre Freundschaft, Anteilnahme, Anleitung oder Hilfe verlassen. Vielleicht ist Ihnen bisher noch nie bewusst geworden, wie wichtig Sie für diese Menschen sind. Selbst wenn wir aus dem Arbeitsleben ausscheiden, wollen wir etwas Sinnvolles tun. Auch hier gilt, dass wir das Gefühl, gebraucht zu werden, brauchen.

Fassen Sie die Gelegenheiten beim Schopf, die sich Ihnen bieten.

Um glücklich zu werden, müssen Sie die Gelegenheiten beim Schopfe fassen, die sich Ihnen bieten. Wenn Sie um Hilfe gebeten werden, dann helfen Sie – und zwar sofort. Wenn Sie eine Aufgabe übernehmen sollen – und Sie sind sich sicher, dass Sie diese Aufgabe fachlich und zeitlich schaffen –, dann greifen Sie zu!

Eine der größten Ängste älterer Menschen ist die Furcht keine Gelegenheiten mehr zu haben, das zu tun, was sie immer schon tun wollten, oder dass sie Dinge nicht zu Ende bringen können, die sie noch beginnen. Es gibt nur ein wirksames Mittel gegen diese Angst, die uns vielleicht später oder bereits jetzt befallen kann: Tun Sie das, was Sie schon immer tun wollten – und zwar jetzt!

Vielleicht sind Sie aber so stark beansprucht, dass Sie gar keine Zeit finden, darüber nachzudenken, was Sie schon immer tun wollten. Das Gesamte im Blick zu haben bedeutet auch, immer wieder Ruhepausen einzubauen, um zu reflektieren, ob wir den Weg, auf dem wir gerade unterwegs sind, wirklich noch gehen wollen, oder ob es bessere Wege gibt. Die Arbeit kann uns so gefangen nehmen, dass wir uns nur noch mit ihr beschäftigen. Die Folge ist, dass wir viele Dinge ausblenden, die auch zu unserem Glück beitragen könnten – und durch uns auch zum Glück anderer Menschen!

Nehmen Sie sich Zeit nur für sich.

Egal wie beschäftigt Sie sind, finden Sie Zeit – nur für sich. Manchmal werden bestimmte Entdeckungen nur in der Stille und Einsamkeit möglich. Schaffen Sie für sich Freiräume, in denen Sie sich nicht rechtfertigen müssen, keinem etwas beweisen und keinem etwas vorspielen müssen. Vielleicht entdecken Sie an sich selbst ganz neue Seiten.

Eine neue Perspektive gewinnen

Glückliche Menschen sind Neuem gegenüber aufgeschlossen. Wie gesagt, muss es nicht gleich ein Stellenwechsel sein. Manchmal reicht es schon, einen bisher nicht entdeckten positiven Aspekt an der eigenen Arbeit zu sehen. Neues zu entdecken heißt ebenfalls, aktiv zu sein.

Wenn ich Urlaub habe, nehme ich mir immer mindestens

zwei Bücher mit. Eins dient der Unterhaltung, das zweite der Weiterbildung. Im Urlaub habe ich mich mit den Tücken der Computerprogramme beschäftigt, habe Bücher über Kreativität gelesen, habe Management-Literatur verschlungen oder mich mit dem Innenleben des neu gekauften Keyboards und wie man es spielt beschäftigt. Auch habe ich im Urlaub Bücher über Journalismus gelesen, mich mit Interviewtechniken, dem Schreiben von Reportagen oder dem ABC des Journalismus beschäftigt. Aber ich bin noch lange nicht fertig mit der Weiterbildung – und sie findet auch nicht nur im Urlaub statt.

Die Welt um uns herum verändert sich ständig. Verändern wir uns mit und stellen uns bewusst auf neue Situationen ein? Wenn wir bei dem bleiben wollen, was wir schon kennen und womit wir gut zurechtkommen, dann werden wir irgendwann die Feststellung treffen müssen: „Das ist nicht mehr meine Welt!" Und so wird es dann auch sein, weil wir nicht mehr aktiv am Leben teilnehmen.

Egal wie alt wir sind oder werden, das Leben liegt immer noch vor uns. Und es eröffnen sich immer neue Chancen. Die Frage ist nur, ob ich sie sehe oder nicht, ob ich damit rechne oder nicht, ob ich sie nutzen will oder nicht. Seien Sie offen für Neues! Es wird Sie glücklich machen.

Seien Sie offen für Neues! Es wird Sie glücklich machen.

„Können wir selbst etwas zu unserem Lebensglück beitragen oder ist es etwas, das über uns kommt und uns überrascht?", so fragen sich viele Menschen. Meine Überzeugung ist, dass wir aktiv dazu beitragen können, ob wir glücklich sind oder nicht. Gerade beim Thema dieses Kapitels wird es deutlich:

Unser Glück hat viel mit unserer Einstellung zum Leben zu tun. Wir sind so glücklich, wie wir es sein wollen oder wie wir es uns zu sein erlauben. Wir können uns zu jederzeit und an jedem Ort selbst für das Glück entscheiden. Situationen sind veränderbar, auch am Arbeitsplatz.

Wir sind nur so glücklich, wie wir es sein wollen.

Glückliche Menschen ...

... achten auf gute Beziehungen und pflegen sie dauerhaft

Ab und zu sollten wir auf unserer Jagd
nach dem Glück innehalten
und mal ganz einfach glücklich sein.

N.N.

Wir Menschen sind komische Leute. Auf keinem Gebiet tritt das so deutlich zutage wie in unseren Beziehungen. Denn sie könnten eine übersprudelnde Quelle des Glücks für uns sein, aber oft machen wir sie uns selbst zur Hölle. Glückliche Menschen, so haben Untersuchungen herausgefunden, legen Wert auf gute Beziehungen und sind auch fähig, sie aufzubauen und zu pflegen.

Dieses Ergebnis verwundert nicht weiter, denn wir kennen es aus unserem eigenen Leben: Wir sind doch auch lieber mit fröhlichen oder glücklichen Menschen zusammen als mit Trauerklößen und Pechvögeln. In England hat man bei Untersuchungen entdeckt, dass glückliche Menschen vom Typ her meistens extrovertiert sind. Das heißt, sie können gut Kontakte schließen, erzählen gerne von sich, sind aber auch interessiert an anderen Menschen und schaffen es, bereits nach kurzer Zeit am Arbeitsplatz, auf Partys oder im Privatleben auf andere zuzugehen und Kontakte aufzubauen. Dass sie dann auch sofort Kontakt finden, ist klar, denn bei der Vielzahl von Menschen, denen sie positiv und offen begegnen, sind immer welche dabei, die „auf ihrer Wellenlänge sind" und zu denen sich gute Beziehungen ergeben.

Wer offen für andere ist, dem öffnen sich auch die Türen. Und wer sich selbst „mitten ins Geschehen" begibt, der ist auch sofort mitten drin. Glückliche Menschen sind auch fröhliche Typen und lachen häufiger als andere. Da bleibt es nicht aus, dass sie von Menschen umringt werden, die auch gerne etwas von der positiven Stimmung mitbekommen möchten. Diese Tatsache bedeutet aber nicht, dass diese glücklichen Menschen oberflächlich wären oder die Kontakte zwangsläufig schnell wechseln würden. Denn – so das Ergebnis der Untersuchung in England – diese Menschen besitzen nicht nur die Fähigkeit mit anderen schnell zu kommunizieren, sondern sie können auch zu den Menschen, die sie kennen lernen, eine solide, langfristige Bindung aufbauen.

Gute Beziehungen basieren meistens auf gegenseitiger Wertschätzung. Daher kommen wir nach dem Kapitel über Werte und dem über Lebensthemen und Lebensträume nun dazu, welche Rolle unsere Beziehungen zu anderen Menschen bei unserer Suche nach Glück spielen.

Viele wollen ihr Glück in Beziehungen finden. Bei manchen gelingt es auf ganzer Linie, bei anderen gelingt es nur in Teilbereichen. So ist es zum Beispiel durchaus möglich, ein gebrochenes Verhältnis zur eigenen Familie zu haben und trotzdem sehr gute Freundschaften zu pflegen. Und wieder andere haben weder bei ihren Verwandtschaftsbeziehungen, noch am Arbeitsplatz, noch in der Partnerschaft ein glückliches Händchen – und Freunde haben sie auch keine. Diese Menschen gehören nicht gerade zu den Glücklichsten unter der Sonne.

Wenn wir über unsere Beziehungen nachdenken, dann möchte ich fünf Kategorien beschreiben:

1. Verwandte/eigene Familie
2. Freunde
3. Partnerschaft/Ehe
4. Arbeitskollegen
5. Nachbarn und Bekannte

Vielleicht zucken Sie bei einigen Stichworten bereits etwas zusammen, weil das Reizworte für Sie sind – oder Sie strahlen bereits, weil Sie in diesem Bereich besonders glückliche Beziehungen haben. Grundsätzlich gilt: Jede Beziehung ist anders. Und es gibt verschiedene Ebenen und von der Intensität zu unterschiedlichen Zeiten verschiedene Tiefen in den einzelnen Beziehungen.

Trautes Familienglück?

Der 1987 verstorbene Autor sehr erfolgreicher Weisheitsbücher, Anthony de Mello, erzählte einmal folgende Geschichte:

Die Familie war um den Esstisch versammelt. Der älteste Sohn kündigte an, er werde das Mädchen von gegenüber heiraten.

„Aber ihre Familie hat ihr nicht einen Pfennig hinterlassen", sagte der Vater missbilligend. „Und sie selbst hat nicht einen Pfennig gespart", ergänzte die Mutter.

„Sie versteht nichts vom Fußball", sagte Junior. „Ich habe noch nie ein Mädchen mit solch komischer Frisur gesehen", sagte die Schwester. „Sie tut nichts anderes als Romane lesen", sagte der Onkel. „Und sie zieht sich geschmacklos an", sagte die Tante. „Aber sie spart nicht an Puder und Schminke", sagte die Großmutter.

„Alles richtig", sagte der Sohn, „aber sie hat, verglichen mit uns, einen großen Vorteil." – „Und der wäre?", wollten alle wissen.

„Sie hat keine Familie!"

Eine freche Geschichte, die natürlich überzeichnet. Auf der anderen Seite ist es manchmal erschreckend zu sehen, dass gerade diejenigen, die uns räumlich am nächsten sind, uns vom Gefühl her am Entferntesten stehen. Den ersten Streit unseres Lebens erleben wir meistens in unserer eigenen Familie. Das muss auch nicht weiter verwundern, denn mehrere Menschen auf einem relativ engen Raum müssen ihre Bereiche abstecken, das Zusammenleben gestalten und – einfach gesagt – miteinander gut auskommen. Da passiert es schon mal, dass es unterwegs auch Krach gibt. Gefährlich wird die Sache erst, wenn es überwiegend Ärger miteinander gibt und mehr böse als gute Worte fallen.

Ein japanisches Sprichwort sagt: „Das Glück tritt gern in ein Haus ein, wo gute Laune herrscht."

„Das Glück tritt gern in ein Haus ein, wo gute Laune herrscht." Japanisches Sprichwort

Deshalb sollten wir darauf achten, dass in unseren Familien und Häusern das Lachen nicht vergessen wird. Auch das haben Untersuchungen ergeben: Glück hat etwas mit Humor zu tun. Wer Sinn für Albernheit hat, dessen Chance, Glück zu empfinden, ist um ein Drittel höher. (Solomon, Humor and aging well – American Behaviour Scientist)

Natürlich kann man gemeinsam vor dem Fernseher sitzen und bei irgendwelchen Comedy-Shows gleichzeitig lachen. Aber es ist ein großer Unterschied, ob man *gemeinsam* über etwas lacht oder *miteinander* über etwas lacht. Bei dem einen bleiben wir Zuschauer, während wir beim zweiten Betroffene und Beteiligte sind. Lachen ist nicht nur gesund, sondern Lachen verbindet auch. Deshalb: Wollen Sie glücklich sein, sorgen Sie dafür, dass in Ihrer Familie gelacht werden darf!

Die Familie ist auch der Raum, in dem wir ungeschützt so sein dürfen, wie wir sind. Daher sind die Familien am glücklichsten, in denen eine offene Atmosphäre herrscht und alle Familienmitglieder ihre Gefühle, Gedanken, Sorgen, Hoffnungen ungeschützt sagen können. Das hat noch einen anderen positiven Effekt: Andere werden eingeweiht, können mitdenken, helfen oder sich einfach mitfreuen. Es ist ein gutes Gefühl – und macht uns glücklich –, wenn wir nicht alle Dinge (ob gute oder schlechte) mit uns selbst verhandeln müssen, sondern andere beteiligen können. Das steigert die Lebenszufriedenheit und damit auch das Glücksgefühl.

Zu einer glücklichen Familie gehört auch die Offenheit für andere. Das alte Wort dafür lautet „Gastfreundschaft". Das ist ein ganz altes Thema und schon in der Bibel wird davon berichtet, dass der eine oder andere gastfreundliche Mensch manchmal unbewusst Engel beherbergt.

Ich kannte eine Familie, die bei ihren Mahlzeiten immer ein Gedeck mehr als gebraucht wurde auf den Tisch stellte. Die Mutter sagte, wenn überraschend ein Gast an die Türe käme, sollte er sich direkt eingeladen fühlen. Was mir daran besonders aufgefallen ist, war die innere Haltung dieser Familie. Sie war nicht nur offen für andere, sondern rechnete auch zu jedem Zeitpunkt damit, dass andere hereinkommen konnten.

In der Psychologie gibt es den Begriff der „sich selbst erfüllenden Prophezeiungen". Glücksforscher wie Wiseman benutzen diesen Begriff, um deutlich zu machen, dass Glückspilze mit dem Glück rechnen, während Pechvögel immer nur den Blick auf negative Erwartungen richten, die dann auch tatsächlich einträfen. Tatsächlich haben wir alle schon einmal Situationen erlebt, in denen – egal ob positiv oder negativ – unsere Erwartungen eingetroffen sind. Und vielleicht ist uns auch schon mal bewusst geworden, dass wir selbst – je nach unserer Einstellung – etwas dafür tun, dass sich unsere Erwartungen erfüllen.

Auf die oben beschriebene Familiensituation angewandt bedeutet das: Wer mit Besuch rechnet, wird auch Besuch erhalten, weil er sich so verhält, dass Besuch sich in sein Haus traut. Wer seine Türen mit Vorhängeschlössern verriegelt, das Hoftor immer geschlossen hat und mit einem Schild vor dem bissigen Hund warnt, sollte sich nicht wundern, wenn sich nur vereinzelt Menschen in sein Haus trauen.

Familie zu haben bedeutet aber noch etwas anderes: Es hat

mit Verantwortung zu tun. Verantwortung der Eltern gegenüber ihren Kindern und später Verantwortung der Kinder gegenüber ihren Eltern. Familie ist eine lebenslange Beziehung, die sehr glücklich verlaufen kann oder aber ein ständiger Unruheherd ist, der uns unglücklich macht. In vielen Familien passiert es, dass der Kontakt zu den eigenen Kindern nicht nur nach Quantität, sondern auch nach Qualität rapide abnimmt, wenn die jetzt jungen Leute erst einmal ausgezogen sind. Manchmal kommen auch Unstimmigkeiten auf, weil der Familienzuwachs in Form der PartnerInnen der Kinder den Eltern nicht genehm ist. Und schon werden die Familientreffen seltener. Doch der Zusammenhalt in der eigenen Familie kann stark zur Lebenszufriedenheit beitragen.

Ich habe ja am Anfang des Buches schon erzählt, dass ich selbst in einer Großfamilie aufgewachsen bin. Wir sind fünf Jungen und jeder von uns hat eine Schwester… Als wir älter wurden und alle ausgezogen waren, hat automatisch der Kontakt zueinander gelitten. Es gibt ja Familien, wo die Kinder nicht weiter als fünf Kilometer um das Elternhaus herum wohnen. Es gibt auch Familien, die arbeiten sogar zusammen – und das nicht nur in Dallas. Bei uns ist das anders. Wir sind im In- und Ausland weit verstreut. Nachdem wir alle eine Familie gegründet hatten und es aufgrund der anwachsenden Gesamtfamilie nicht mehr möglich war, sich an hohen Feiertagen wie z.B. Weihnachten im Elternhaus zu treffen, gab es einige Jahre, in denen wir nur lockeren Kontakt zueinander hatten.

Ich weiß gar nicht mehr, wer die Idee hatte, aber irgendwann gab es einen Rundruf, ob wir nicht mal ein Familientreffen machen wollten. Inzwischen waren wir mit Kindern und Enkeln auf über 30 Personen angewachsen. Wir mieteten uns für ein Wochenende in einem Freizeitheim ein und haben seitdem regelmäßige Familientreffen, wo wir – so weit es geht – alle zusammen sind. Dabei sitzen wir dann nicht beim Bier zusammen oder schlagen uns nur die Bäuche mit Raclette oder Fondue voll. Wir bereiten immer ein kleines Programm vor, vom Geländespiel bis hin zu Kletterwettkämpfen, Tischtennis-Turnier usw., damit wir miteinander einfach Spaß haben können. Ganz nebenbei ist auch viel Zeit für Unterhaltungen, gutes Essen – und auch mal ein Bier.

Das ist natürlich eine besondere Situation, die nicht alle Familien so haben. Aber selbst wenn nur ein Kind da ist, ist es möglich, über viele Jahre hinweg als Familie etwas gemeinsam zu unternehmen. Es muss nicht immer der gemütliche Abend im Elternhaus sein, es kann auch ein gemeinsamer Kurzurlaub sein oder dass man gemeinsam Veranstaltungen wie Konzerte, Sportereignisse oder ähnliches besucht. Warum nicht mal ein Familienausflug zur Olympiade? So etwas wird ein unvergessliches Ereignis sein.

Vielleicht sind solche Vorstellungen für Sie nicht realistisch. Sie denken, „wenn der Autor meine Familiensituation kennen würde, dann würde er einen solchen Quark hier mit Sicherheit nicht schreiben".

Wenn Konflikte auftreten

Wenn es dauerhaft Ärger in Ihrer Familie gibt oder die Beziehungen zerstört sind, dann leben Sie in einer schwierigen Situation, die sich nachhaltig negativ auf Ihr Lebensglück auswirken wird. Überall wo Menschen zusammenleben, gibt es auch Konflikte. Es ist gar nicht möglich, Streit zu vermeiden, denn es geht darum, dass man sich verständigt, wie man zusammenleben will. Bei den einen ist diese Verständigung harmonisch, bei anderen nur mit einer gewissen Lautstärke möglich. Wichtig dabei ist, dass wir uns nicht gegenseitig verletzen.

Aber auch das bleibt nicht aus. Dabei muss es gar nicht so dramatisch sein, wie wir vielleicht aus Berichten oder sogar aus Erfahrungen kennen, dass Familienmitglieder handgreiflich werden und Waffengewalt anwenden. Wir alle tragen eine Waffe mit uns, die gefährlicher ist als jedes Messer. Sie befindet sich in unserem Mund. Was wir mit Worten anrichten können, ist unglaublich. Beziehungen werden oft mit den Augen begonnen und mit der Zunge beendet.

Wenn wir glücklich werden (oder bleiben) wollen, hilft es nichts, den Konflikten auszuweichen oder sie unter den Tisch zu kehren. Wir müssen uns ihnen stellen und versuchen, das Beste draus zu machen. Versuchen Sie, den Weg der Versöhnung zu gehen! Das ist nicht immer einfach und hat auch nicht unbedingt mit Ihnen selbst zu tun, denn schließlich gibt es da ja auch noch den anderen, der auch Frieden schließen muss. Manchmal pflanzen sich Familienstreitigkeiten über Generationen hinweg fort. Wenn ein Außenstehender dann mal genauer nachforscht, liegen die Ursachen dieser Konflikte auf Sandkasten-Niveau. Aber trotzdem sind sie da und werden nicht gelöst. Aber: Glücklich werden die Menschen damit nicht.

Eine Glücksregel lautet: Alles, was an Ihnen selbst liegt, Frieden mit anderen Menschen (und dazu zählen Familienangehörige und Verwandte) zu halten, sollten Sie tun.

Alles, was an Ihnen selbst liegt, Frieden mit anderen Menschen zu halten, sollten Sie tun.

Und wenn gar nichts geht? Dann verweilen Sie nicht bei unlösbaren Konflikten. Gehen Sie einfach weiter. Wenn Probleme nicht lösbar sind und auch mit Hilfe Dritter keine Klärung herbeigeführt werden kann, dann sind Sie besser dran, wenn Sie sich Dingen zuwenden, die lösbar sind oder die Sie positiv gestalten können.

Das soll jetzt nicht bedeuten, dass Sie „auf alle Ewigkeit" den Status quo halten müssen. Vielleicht kommen Zeiten, in denen sich eine Lösung des Konflikts anbahnen lässt. Aber wenn das nicht so ist, sollten Sie die Balance in Ihrem Leben an anderer Stelle suchen.

Freunde sind wie Co-Piloten

„Wenn Glück Sinn hat, ist es ein Balancezustand zwischen Positivem und Negativem“, sagt der deutsche Philosoph Wilhelm Schmid. „Wir sollten vorsätzlich Positives suchen, wenn wir viel Negatives erfahren.“ Natürlich erleben wir viel Positives in unseren Familien und es gibt tatsächlich so etwas wie „Familienglück“. Doch das Glücksgefühl kann immens gesteigert werden, wenn es uns gelingt – oder sollte ich sagen *glückt*? – einen intensiven und guten Freundeskreis aufzubauen.

Freundschaft habe ich bereits als Kind erlebt. Es gehört zu den positiven Lebensgefühlen, die ich aus meiner Kinderzeit mit ins Leben genommen habe. Auch wenn es ab und zu Konflikte gab, aber als Kinder schaffen wir es komischerweise immer wieder schnell, Beziehungen zu kitten, Fehler zu vergeben und die Beziehungen zu Freunden wieder neu aufleben zu lassen. Und ich erlebe genau das bei unseren eigenen Kindern wieder: „Man schlägt sich, man verträgt sich.“

Ich habe manchmal den Eindruck, dass gute Beziehungen im wahrsten Sinn des Wortes *kinderleicht* sind, wenn wir uns die Unbefangenheit und Vergesslichkeit bewahren.

Später im Leben wird es immer schwieriger, Freundschaften zu schließen. Und trotzdem sind Freunde ein wesentlicher Bestandteil, der uns glücklich machen kann. Ein Lied der Gruppe „Layna“ drückt es so aus:

Sie sind da, wenn wieder keiner mit ins Kino geht
weil halt keiner so wie du auf 007 steht.
Sie verlieren keine Worte, geben dir den Eintritt aus,
und danach den Cappuccino, bringen dich sogar nach Haus.

Sie sind da und neidlos, wie begehrt du bist,
und sie bleiben auch, wenn dich die ganze Welt vergisst.
Sie sehn hinter die Fassade, kennen dich ganz ungeschminkt,
kennen alle deine Schwächen, wissen, wie dein Weinen klingt.

Sie sind da, auch wenn du sie nicht eingeladen hast,
und sie fragen nicht danach, ob dir ihr Dasein passt.
Sie verziehn sich auf dein Sofa, sehn mit deinen Kindern fern,
und den Rest vom Mittagessen mögen sie besonders gern.

Sie sind da, wenn du mal wieder ein Jahr älter wirst,
und beim Blick in deinen Spiegel ganz den Mut verlierst.
Sie gestehen dir ganz unverblümt ihr eigenes Gewicht
und sie schenken dir zum Trost ein selbstgeschriebenes Gedicht.

Sie sind da, wenn du mal richtig miese Laune hast,
sagen dir auch dann die Meinung, wenn es dir nicht passt.
Sie sind wie der Sonnenstrahl, der durch die Wolkendecke bricht,
sie verwandeln Zornesfalten in ein lachendes Gesicht.

Im Refrain des Songs heißt es: Freunde sind wie Co-Piloten auf der Lebensachterbahn.

Ein russisches Sprichwort sagt: *„Freunde finden ist leicht, sie behalten, ist schwer!“*

Tatsächlich ist Freundschaft ein Thema, das uns mehr oder weniger das ganze Leben begleitet und zu unterschiedlichen Lebensphasen ganz unterschiedliche Bedeutung hat. Sie wird viel besungen, es gibt viele Gedichte dazu, es werden Bücher darüber verfasst oder wir erleben sie zum Beispiel in einem Film, in dem zwei Hobbits sich durch Höhlen und über Berge quälen, um gemeinsam eine große Aufgabe Seite an Seite hinter sich zu bringen. So eine richtige „Männerfreundschaft“.

Es wäre mal interessant zu erfahren, was passiert wäre, wenn Frodo und Sam im „Herrn der Ringe“ keine Männer, sondern Frauen wären. Es gibt da nämlich grundlegende Unterschiede in den Freundschaften zwischen Männern und denen zwischen Frauen. Und auch auf die Gefahr hin, dass ich zu Hause wieder 10 Euro in die „Macho-Kasse“ zahlen darf, sage ich hier einfach mal: „Männer haben immer ein Thema für ihre Freundschaft, Frauen brauchen gar kein Thema, sondern haben sich.“

Männer kommen zum Beispiel nur höchst selten auf die Idee, über ihre Freundschaft zu sprechen. Oft bemerken sie ihre Freundschaft noch nicht einmal – und finden sie deshalb auch keiner Bemerkung wert. Sie leben sie einfach. Männer brauchen immer etwas, was sie gemeinsam mit ihrem Freund machen können, ob das gemeinsam Arbeiten, Fußball spielen, Angeln, Laufen oder Computerspielen ist – oder: richtig, sich über Frauen, Geld, Beruf und Erfolg zu unterhalten.

Bei Freundschaften von Frauen ist das etwas anders – und wir Männer tun gut daran, uns zu entfernen, wenn die beste Freundin unserer Frau oder unserer Freundin kommt. Da haben wir nichts zu suchen. Wir würden ohnehin irgendwann den Rappel kriegen ...

... was den Frauen mit uns Männern genauso geht.

Der Wert der Freundschaft wird zu unterschiedlichen Phasen im Leben unterschiedlich stark eingeschätzt. In der Jugendzeit fällt es uns leicht, Freundschaften einzugehen. Doch je älter wir werden, desto mehr sind wir mit uns selbst und unseren Dingen beschäftigt, so dass Freundschaften – vor allem bei Männern – darunter sehr oft zu kurz kommen. Je stärker Beruf, Karriere usw. in den Vordergrund rücken, desto mehr leiden unsere Freundschaften.

In der Lebensphase des Lebensaufbaus (Berufsfindung, Lebensplanung, Familie usw.) gehen uns viele Freundschaften verloren, es sei denn, wir können sie integrieren und Dinge gemeinsam erleben und ausbauen.

Und haben wir erst Familie, dann fällt es noch schwerer, Freundschaften wirklich zu pflegen und aufrechtzuerhalten. Es kann zum Beispiel sein, dass sich die Kinder der Familien nicht verstehen – und schon fährt man nicht mehr mit einer befreundeten Familie in Urlaub. Oder aber die Lebensthemen verändern sich, und schon leiden die Freundschaften darunter. Und meine Erfahrung ist, dass wir wirklich feste Freunde meist aus unserer Jugendzeit mit durchs ganze Leben nehmen. Da spielt es auch keine Rolle, ob man sich häufig sieht oder nicht. Mit wirklich guten Freunden sucht man keine Gesprächsthemen, sie kommen von allein.

Die Veränderungen im Laufe eines Lebens können gravierende Folgen mit sich bringen:

Ich hatte mal einen Freund, der hatte eine Schwester. Und irgendwann fand ich die immer interessanter. Und so wurde aus meinem Freund wenige Jahre später mein Schwager, und das ist etwas völlig anderes.

Ich hatte mal eine Freundin, die Schwester meines Freundes, die wurde später meine Verlobte. Und wenige Jahre später meine Ehefrau. Wie soll ich's sagen: Ab da war's mit der Freundschaft vorbei …

Aber bevor Missverständnisse aufkommen: Es ist etwas entstanden, was viel tiefer geht als Freundschaft, es ist eine Lebenspartnerschaft, eine Lebensgemeinschaft, eine Ehe entstanden. Und die schätze ich gegenüber Freundschaften um ein Vielfaches höher ein.

Aber unsere Hochzeit veränderte auch unsere Beziehungen zu unseren Freunden.

Und daran lässt sich Folgendes deutlich machen: Freundschaften sind offen für andere, Liebesbeziehungen sind geschlossene Gesellschaften. Bei Freundschaften fällt es leicht, andere hinzuzunehmen, die gleichen Sinnes oder auf demselben Weg sind. Zwei Freunde freuen sich, wenn sich ihnen ein dritter oder vierter anschließt, der dieselben Interessen hat, der selben Meinung ist oder der genauso gut Fußball spielen kann, denn zu zweit macht das Spiel nicht soviel Spaß. Das Thema ist natürlich austauschbar, aber es beinhaltet einen Kernsatz zum Glücklichsein: „Teilen macht reich!"

Teilen macht reich.

In Liebesbeziehungen haben letztlich andere keinen Platz. Und das muss auch so sein! Denn sie sind exklusiv. Der englische

Schriftsteller C.S. Lewis hat einmal formuliert: „Freunde stehen Seite an Seite oder Schulter an Schulter, im Gegensatz zu Liebenden, die sich gegenüberstehen, um sich besser in die Augen schauen zu können.“

„Freunde stehen Seite an Seite oder Schulter an Schulter, im Gegensatz zu Liebenden, die sich gegenüberstehen, um sich besser in die Augen schauen zu können.“ C.S. Lewis

Trotzdem gelingt es zum Glück, auch als Paar ein paar Freunde oder sogar sehr viele zu haben, oder als Familie Freundschaften aufzubauen. Auch wenn die einen anderen Akzent haben als das vielleicht mit der Beziehung zu unseren Jugendfreunden oder -freundinnen ist.

Mit der investierten Zeit hat das nicht unbedingt zu tun. Für Freundschaften unter Familien kann manchmal das deutsche Sprichwort gelten: *Kurze* Besuche *verlängern* die Freundschaft.

Die vielen Mythen über Freundschaften stimmen aber auch nur selten. Denn der Alltag läuft anders. So wird immer gesagt: Freunde könnten wir uns aussuchen, Verwandte nicht. Aber das stimmt nicht. Es gibt auch Freunde, die wir uns nicht aussuchen, und die uns trotzdem das ganze Leben begleiten. Manchmal hat man auch den Eindruck, wer solche Freunde hat, braucht keine Feinde mehr …, aber gerade das hält unser Leben spannend und lässt uns wachsen. Denn wir wachsen nicht an der Gleichgesinnung, sondern an der Andersartigkeit unserer Freunde.

Freundschaften entstehen und zerbrechen – oder gehen einfach zu Ende. Und trotzdem sind sie immens wichtig für unser Leben. Mit ihnen verbinden wir Hoffnungen und nicht selten auch Schmerz. Und zum Glück gibt es Freundschaften, die ein Leben lang halten – und die die Höhen und Tiefen eines Lebens in vollen Zügen begleiten und auch aushalten.

Freunde, das sind Menschen, vor denen wir „laut denken“

können. Wir können mit ihnen Zeit verbringen, ohne dass wir ständig auf die Uhr gucken, wir können mit ihnen Themen anschneiden, die wir sonst geflissentlich verschweigen, und wir können sie als Rückhalt nehmen, wenn einmal etwas in unserem Leben nicht richtig läuft.

Freundschaften haben viel damit zu tun, dass die Chemie untereinander stimmt. Es kann zu äußerst eigenartigen Reaktionen kommen, wenn die „Chemie nicht stimmt". Und weil Freundschaften damit zu tun haben, dass die Chemie untereinander stimmt, möchte ich jetzt vier Punkte unter das Kürzel „B A S F" stellen. Und alles hat mit Freundschaften zu tun:

1. **B** wie Beziehungen aufbauen.
2. **A** wie Ausdauer haben
3. **S** wie Solidarität
4. **F** wie Freiheit leben oder auch Freigeben

1. B wie Beziehungen aufbauen:

Freundschaften können nicht erzwungen werden, sondern sie entstehen von selbst. Und manchmal wundert man sich, weil man gar nicht richtig gemerkt hat, wie sie entstanden sind. Mit der Freundschaft verhält es sich so ein bisschen wie mit dem Glück. Will man es erzwingen, wird man es nicht bekommen. Freundschaft lässt sich nicht kaufen, Zuneigung lässt sich nicht künstlich erzeugen, sondern sie entsteht von selbst. Und trotzdem müssen wir nicht passiv in der Ecke hocken und darauf warten, dass sie uns ereilt. „Der beste Weg, einen Freund zu bekommen, ist, selbst einer zu sein!"

Der beste Weg, einen Freund zu bekommen, ist, selbst einer zu sein!

Das hat mit Offenheit für andere zu tun. Das hat mit einer positiven Einstellung anderen Menschen gegenüber zu tun.

Das hat damit zu tun, dass wir anderen unsere Freundschaft erweisen oder signalisieren, sprich deutlich machen, dass wir an einer guten Beziehung zu ihnen interessiert sind und sie uns nicht egal sind.

2. A wie Ausdauer haben.

Freundschaften sind nicht von vornherein zeitlich begrenzt. Sie dauern auch nicht automatisch ewig. Aber Ausdauer ist in unseren Freundschaften von großer Bedeutung.

Ich hatte ja schon angedeutet, dass gute Freundschaften nicht zwangsläufig etwas mit der Zeit zu tun haben, die wir miteinander verbringen. Es kommt vor allem auf die Qualität an. Freundschaften können über viele Jahre hinweg halten, und die Intensität kann auch dann sofort wieder vorhanden sein, wenn man sich lange Zeit nicht gesehen hat. So geht es uns als Familie mit vielen unserer Freunde, die ziemlich weit verstreut leben.

Ausdauer kann aber auch bedeuten, dass man nicht sofort die Freundschaft beendet, wenn man den anderen nicht mehr versteht oder wenn Lebenswege in unterschiedliche Richtungen laufen.

Und damit bin ich bei der dritten Chemikalie, die stimmen muss:

3. S wie Solidarität

Freundschaften leben von Solidarität, die sich auch dann zeigt, wenn wir nicht gut finden, was der andere tut oder getan hat.

Es ist einige Jahre her, da bekam ich einen Anruf von meinem besten Freund, der mich unbedingt sprechen wollte und eine sehr lange Autofahrt auf sich nahm, um allein mit mir zu reden.

Wir gingen im Wald spazieren und er teilte mir mit, dass er sich nach 14 Jahren Ehe von seiner Frau trennen werde.

Das war so, als wäre in dem Augenblick eine Riesentanne auf mich nieder gekracht. Ich war wie vor den Kopf geschlagen. Und meine Freundschaft ging nicht so weit, dass ich ihm sagen konnte, dass ich das ganz klasse fand, weil er jetzt endlich „sich selbst leben konnte“. In solchen Momenten ist trotzdem Solidarität gefragt.

Diese Trennung hat unsere Freundschaft extrem belastet. Trotzdem sind wir auch heute noch Freunde.

Ich kann mich *mit einem Menschen* solidarisieren, *ohne mich mit seinem Handeln* solidarisch zu erklären. Das klingt jetzt etwas kompliziert, ist es im tatsächlichen Leben auch, aber ich meine damit: Solidarität in dem Sinne, dass ich ihm oder ihr zu verstehen gebe: „Ich bleibe an deiner Seite, auch wenn ich nicht so richtig verstehe, warum du den Weg so eingeschlagen hast. Aber du sollst wissen: Die Tür meines Lebens ist immer für dich offen.“

In den Sprüchen der Bibel steht ein Weisheitsspruch zum Thema Freundschaft: „Unwandelbar liebt der Freund, doch in der Stunde der Not wird er zum Bruder.“

4. F wie Freigeben

„Freundschaft“ hängt stark auch mit „Identität“ zusammen. Ich muss wissen, wer ich selber bin, um einem anderen ein guter Freund/eine gute Freundin zu sein. Wenn ich mir sicher bin, wer ich selbst bin, dann muss ich mich auch nicht an andere klammern – und schon gar nicht an meine Freunde –, sondern kann sie zu jederzeit freigeben und ihnen ihre Freiheit lassen, weil ich im Vertrauen leben kann, dass sie von selbst wieder zu mir zurückkommen.

Freundschaften leben auch davon, dass die Freunde ihre an unterschiedlichen Orten gemachten Erfahrungen in die Freundschaft einbringen und sie mit anderen (oder dem/der anderen) teilen. Freiheit und Freiwilligkeit ist das Vitamin, das Freundschaften wachsen und gedeihen lässt. Und Freundschaft gehört dazu, wenn unser Leben nicht wie eine vertrocknete Primel in irgendeiner dunklen Ecke vergehen, sondern als blühende Pflanze glücklich mitten in der Sonne stehen soll.

> ***Freundschaft gehört dazu, wenn unser Leben nicht wie eine vertrocknete Primel in irgendeiner dunklen Ecke vergehen, sondern als blühende Pflanze glücklich mitten in der Sonne stehen soll.***

Ehe es zu spät ist …

„Um glücklich zusammen zu leben, muss der Mann taub und die Frau blind sein", heißt ein französisches Sprichwort. Eheberater kennen aus vielen Gesprächen die Situation, dass sich die Paare zur Zeit des Verliebtseins gegenseitig Kosenamen gegeben haben, wie „Mäuschen", „Spatz" usw. Im Laufe der Jahre wurden dann die Tiere immer größer und endeten bei „Kamel", „Schwein" oder auch „dumme Kuh".

> ***„Um glücklich zusammen zu leben, muss der Mann taub und die Frau blind sein." Französisches Sprichwort***

Ist es nicht verwunderlich, dass der Bereich, in dem wir unser größtes Glück erleben können, gleichzeitig auch das Gebiet ist, wo wir den größten Schmerz erleiden?

Dabei fängt alles so romantisch und gefühlvoll an: Zwei Menschen sehen sich und spüren sofort ihre Liebe zu einander. Oder sie kennen sich schon lange und allmählich wächst die Liebe.

Oder sie kennen sich schon lange und auf einmal macht es „Boam". Die Liebe zwischen Mann und Frau ist natürlich und lebenswichtig. Im weitverbreitetsten Buch der Welt, der Bibel, wird bereits auf den ersten Seiten davon gesprochen und sie wird mit Gott in Verbindung gebracht wird. „Es ist nicht gut, dass der Mensch allein sei …", heißt es.

Der Bereich, in dem wir unser größtes Glück erleben können, ist gleichzeitig auch das Gebiet, in dem der größte Schmerz droht: die Liebe.

Eine glückliche Partnerschaft und eine gute Ehe ist einer der wichtigsten Glücksfaktoren überhaupt. Sie steigert die Lebenszufriedenheit etwa so stark wie eine Gehaltserhöhung um 100.000 Euro pro Jahr. Zu diesem Ergebnis kommt der englische Sozialwissenschaftler David Halpern nach einer Auswertung internationaler Studien und Umfragen. Er arbeitet übrigens als Berater der britischen Regierung zum Thema „Glück". Hingegen hätte eine zerbrochene Ehe etwa den Effekt einer Kürzung des Jahresgehalts um 23.000 Euro.

Für eine glückliche Partnerschaft braucht es Zeit. Dabei kommt es darauf an, viel miteinander zu reden. Der erste Schritt zur Entfremdung ist häufig, dass wir nicht mehr miteinander reden. Vor allem Frauen erwarten sich das Glück häufig vom Partner. Hat das vielleicht damit zu tun, dass jede „Prinzessin" in sich verborgen doch den Wunsch hegt, den „Traumprinzen" zu finden? Und wenn der sich dann nicht mehr so verhält oder der Lack ein wenig blättert, ist die Enttäuschung groß. Nicht immer wird aber aus einem geküssten Frosch der Traumprinz. Manchmal geht es leider auch anders herum …

Eine glückliche Partnerschaft und eine gute Ehe ist einer der wichtigsten Glücksfaktoren überhaupt.

Das Eheglück ist extrem zerbrechlich! Das zeigt die Zahl der Ehescheidungen in Deutschland. Lag diese Zahl 1960 noch bei 73.418 im Jahr, so versprechen die ersten Zahlen im neuen Jahrtausend nicht gerade glücklichere Zeiten: 194.408 (Jahr 2000), 197.498 (2001) und 204.214 (2002). Gleichzeitig nahm die Zahl der Eheschließungen um über 20.000 pro Jahr ab. Traut man dem Glück nicht mehr? Dabei sehnen wir uns doch gerade auf dem Gebiet der engsten Beziehung nach dauerhaftem Glück.

Stellen Sie sich vor, Ihnen erscheint eine Märchenfee und fragt nach Ihrem größten Wunsch. Ein Sechser im Lotto? Oder würden Sie sich nicht viel eher Glück in der Partnerschaft wünschen?

Für kein Gebiet auf unserem Weg zum Glück gilt der Spruch „Für sein Glück kann man arbeiten" mehr als in unseren Ehen und Partnerschaften. „Wenn wir heiraten, übernehmen wir alle ein versiegeltes Schreiben, dessen Inhalt wir erst erfahren, wenn wir auf hoher See sind", sagen die Schotten.

Ein eher „harmloses Beispiel": Eigentlich war Maike gar nicht Jürgens Typ. Er mochte coole Frauen, mit denen er repräsentieren konnte. Schließlich war der Jungunternehmer gerade auf dem Höhenflug und wollte sich nach außen gut darstellen. Auch Maike hätte nicht sofort Jürgen gewählt, weil sie stärker auf Latin Lover stand als auf erfolgreichen Geschäftsmann. Trotzdem funkte es zwischen den beiden und sie wurden ein Paar. Ihre Liebe war anfangs so groß, dass sie heirateten. Doch mit der Zeit knirschte es zwischen den beiden. Sie wollte körperliche Zuwendung und ab und zu auch mal unbeschwert Zeit miteinander verbringen. Er wollte jemanden, der ihn verstand und ihm den Freiraum gab, den seine Firma von ihm forderte. Auch sollte sie bei Geschäftsessen und Partys einfach einen guten Eindruck bei den anderen hinterlassen. Er konnte nicht verstehen, dass sie die teuren Kleider und den coolen Schmuck etwas achtlos beiseite legte. Sie dagegen hätte gerne auf die Sachen verzichtet, wenn er sich nur mal einen Samstag Zeit für gemeinsame Unternehmungen, die nicht mit seinem Geschäft zu tun hatten, genommen hätte.

Da keiner von beiden über seine wirklichen Empfindungen sprach, war es bald vorbei mit dem Eheglück. Nach der anfänglichen Euphorie füreinander kam die Ernüchterung. Jede Macke wurde auf einmal zu einem Problem. Selbst an Kleinigkeiten konnten sich große Streitigkeiten entzünden. Schließlich hatten sie sich so auseinander gelebt, dass eine Trennung unvermeidbar erschien.

Wie es besser geht

„Wir sind einfach zu verschieden", ist der häufigste Grund, der bei Trennungen angeführt wird. Jetzt könnte man natürlich antworten: „Was habt Ihr eigentlich erwartet? Männer und Frauen sind nun mal verschieden!" Das wäre aber zu einfach. Es gibt Möglichkeiten, wie das Glück in Beziehungen nicht nur erhalten bleibt, sondern sogar stetig wachsen kann. Ein Schlüssel liegt gerade in der Akzeptanz der Verschiedenheit. Und wenn wir ehrlich sind, war das doch gerade einer der Gründe, warum wir uns überhaupt zusammengetan haben.

Wir sind verschieden! Also: Machen wir doch einfach das Beste draus.

Männer und Frauen sind verschieden. Also: Machen wir doch einfach das Beste daraus.

Dazu einige Gedankenanstöße:

Glückliche Paare bestehen aus zwei selbstständigen Persönlichkeiten, die sich freiwillig immer wieder auf den anderen einlassen und die mit dem anderen das Leben teilen *wollen*.

Glückliche Paare streiten so viel wie unglückliche. Aber es gibt einen wesentlichen Unterschied: Sie verletzen sich dabei nicht so tief. Sie wissen, dass auch Krisen überwindbar sind und gehen mit einer positiven Einstellung in die Höhen und Tiefen ihrer Beziehung.

Glückliche Paare wissen, dass Sex zu den schönsten Dingen der Welt gehört und glücklich macht. Aber sie wissen auch, dass schlechter Sex nicht am Bett liegt, sondern am Alltag: sie kennen sich aus bei den Zusammenhängen zwischen Leben im Alltag und Erleben im Bett.

Glückliche Paare wissen, dass Sex zu den schönsten Dingen der Welt gehört und glücklich macht. Aber sie wissen auch, dass schlechter Sex nicht am Bett liegt, sondern am Alltag: sie kennen sich aus bei den Zusammenhängen zwischen Leben im Alltag und Erleben im Bett.

Glückliche Paare wissen, dass das Glück nicht vom Himmel fällt, sondern dass wir selbst etwas dafür tun können. Sie sind bereit, zu unterschiedlichen Zeiten und in unterschiedlichen Lebensphasen immer wieder neu an ihrer Beziehung zu arbeiten.

Glückliche Paare legen mehr Wert auf die Bedürfnisse des anderen als auf die eigenen. Das heißt, sie stellen den anderen und seine Wünsche über die eigenen.

Das sind nur einige Anstöße, denn dieses Buch will verschiedene Aspekte zum Glücklichsein vermitteln, daher können wir nicht auf wenigen Seiten das schaffen, was manche Ehe-Ratgeber nicht auf 250 Buchseiten bringen können.

Nur noch ein kleiner Hinweis: Es gibt so eine Eigenart, die man beschreiben kann „Kirschen in Nachbars Garten sind immer schöner als die eigenen“. Will sagen: In glücklichen

Beziehungen anderer Paare haben wir nichts zu suchen. Und: „Wenn man glücklich ist, soll man nicht noch glücklicher sein wollen“ (Theodor Fontane), es sei denn: mit dem eigenen Partner.

Glückliche Paare legen mehr Wert auf die Bedürfnisse des anderen als auf die eigenen.

Es gibt schon gute Nachbarn …

Doch die eigene Familie, die Freunde oder Lebenspartner sind nicht die einzigen, die zu unserem Glück beitragen können. Um das Glück perfekt zu machen gehören auch gute Beziehungen zu Arbeitskollegen und Nachbarn dazu. Glückliche Menschen haben durch ihre offene Art größere Chancen, auch am Arbeitsplatz oder in der Nachbarschaft gute Beziehungen aufzubauen und zu pflegen.

Vielleicht kennen Sie den Spruch: „Es gibt schon gute Nachbarn, aber leider wohnen die meistens so weit entfernt.“

Was gibt es nicht gerade in Nachbarschaften Grabenkämpfe und Feindseligkeiten! Da ist ein Zaun zehn Zentimeter zu weit auf das Grundstück des anderen gerutscht und schon wird prozessiert. Glückliche Menschen legen Wert auf andere Dinge. Daher kann auch kein Maschendrahtzaun die Bemühungen um gute Beziehungen zu den anderen verbauen. Sie haben Augen für die vielen Gelegenheiten, die sich täglich bieten, um am Arbeitsplatz oder in der Nachbarschaft ihren Freundeskreis zu erweitern.

Viele Menschen brauchen das Gefühl, dazuzugehören. Sie möchten Anteil am Leben anderer haben und sind auch bereit, von sich etwas preiszugeben. Das wird nicht immer von den anderen positiv aufgenommen. Aber man muss sich ja auch nicht unbedingt „gegenseitig in die Kochtöpfe schauen“, um vernünftige und gute Beziehungen zueinander zu haben.

Wir leben nicht mehr in einer Zeit, in der man sich automatisch kennen lernt. Im Gegenteil: Es gibt immer mehr Menschen, die keine Kontakte untereinander haben und selbst in Nachbarschaften sich nicht kennen. Mehr Kontakt in der unmittelbaren Umgebung kann Glück und Lebenszufriedenheit um annähernd dreißig Prozent steigern, fand der amerikanische Verhaltensforscher S. Sugarman heraus.

Und wenn es so gar nicht funktioniert? Zufriedene Menschen schöpfen aus den verfügbaren Beziehungen Glück und erwarten nicht, dass alle ihre Beziehungen einer Idealvorstellung entsprechen und gelingen. Trotzdem gibt es eine Grundhaltung, die uns selbst und andere glücklich machen wird: Liebe. Liebe ist das einzige Gut, das mehr wird, wenn man es verschwendet. Und das gilt für alle Beziehungen und alle angesprochenen Bereiche. Liebe ist der einzige Faden, der Beziehungsnetze dauerhaft zusammen hält. Liebe ist auch bereit, für andere zu brennen.

Dazu eine kleine Geschichte:

Es kam der Tag, da sagt das Zündholz zur Kerze: „Ich habe den Auftrag, dich anzuzünden."

„Oh nein", erschrak die Kerze, „nur das nicht! Wenn ich brenne, sind meine Tage gezählt. Niemand mehr wird meine Schönheit bewundern."

Das Zündholz fragte: „Aber willst du denn dein Leben lang kalt und hart bleiben, ohne zuvor gelebt zu haben?"

„Aber Brennen tut doch weh und zehrt an meinen Kräften", flüsterte die Kerze unsicher und voller Angst.

„Es ist wahr", entgegnete das Zündholz, „aber das ist doch das Geheimnis der Berufung: Du und ich sind dazu berufen, Licht zu sein. Was ich als Zündholz tun kann, ist wenig. Zünde ich dich aber nicht an, so vergesse ich den Sinn meines Lebens. Ich bin dafür da, Feuer zu entfachen. Du bist eine Kerze. Du bist da, um zu leuchten und Wärme zu schenken. Alles, was du an Schmerz und Leid und Kraft hingibst, wird verwandelt in Licht. Du gehst nicht verloren, wenn du dich verzehrst. Andere werden dein Feuer weiter tragen. Nur wenn du dich versagst, wirst du sterben …"

Da reckte die Kerze ihren Docht und sprach voll Erwartung: „Ich bitte dich, zünde mich an." *(aus: Hoffsümmer, Geschichten wie Schlüssel zum Glück)*

Lassen Sie sich doch einfach vom Glück anstecken, um andere Menschen glücklich zu machen!

Glückliche Menschen ...

... setzen sich nicht nur Ziele, sondern sind auch bereit, sie zu erreichen

Wer im Leben kein Ziel hat,
verläuft sich.

Abraham Lincoln, amerik. Präsident

Kennen Sie das Gefühl, das uns befällt, wenn wir eine schwierige Aufgabe gut erfüllt haben? Wissen Sie, wie es sich anfühlt, wenn wir uns völlig ausgelaugt auf einen Stuhl fallen lassen, weil wir soeben ein Ziel erreicht haben? Das ist Glück!

Es ist einfach ein schönes Gefühl, wenn wir im Urlaub einen bestimmten Berg besteigen und auf dem Gipfel angekommen sind und diesen fantastischen Blick einfach nur noch genießen. Genauso ein Glücksgefühl kann uns aber auch überfallen, wenn wir uns schon seit Monaten vorgenommen haben, endlich unsere Garage aufzuräumen und dann schließlich unser Auto wieder hineinfahren.

Ich habe mit vielen Menschen gesprochen, um zu erfahren, was sie glücklich macht oder nicht. Die Antworten waren äußerst verschieden, weil eben jeder sein eigenes Glücksprofil hat. Je nach Lebensmotiv (wie im Kapitel „Glückliche Menschen haben Werte für ihr Leben gefunden und leben danach" beschrieben) sind es unterschiedliche Gebiete, die für unser Glück sorgen. Bei den einen sind es ideelle Werte, bei anderen spirituelle Erfahrungen, bei wieder anderen materielle Dinge.

Ich habe auch mit Menschen gesprochen, die unglücklich waren – und meistens hing das leider mit Beziehungen zusammen. Bei meiner Spurensuche habe ich aber keinen einzigen

Menschen gefunden, der unglücklich war, weil er ein sich selbst gestecktes Ziel erreicht hatte!

Ziele sind wichtig für unser Leben. Ohne Zweck und Ziel ist alles in unserem Leben belanglos. Sie können sechzig Stunden die Woche arbeiten, daneben noch den Haushalt versorgen oder ehrenamtlich in einem Verein tätig sein und an jedem Wochenende nach St. Tropez fliegen – wenn Sie nicht wissen, wozu Sie das alles machen, bleibt Ihr Leben bedeutungslos.

Glück kann strategisch erzielt werden, nämlich dann, wenn wir unsere Ziele erreichen. Das hat viel mit unseren eigenen Vorstellungen von unserem Leben und mit unseren Wünschen zu tun. Wir hatten ja bereits einige Gedanken zum Bereich „Lebensthemen“ miteinander durchdacht. Wenn wir über Ziele nachdenken, dann müssen wir auch über unsere Lebensträume sprechen, denn aus ihnen können sich Lebensziele ergeben.

Glück kann strategisch erzielt werden, nämlich dann, wenn wir unsere Ziele erreichen.

Einmal Olympiahalle und zurück

Kennen Sie Barbara Clear? Noch nie gehört? Das muss Sie jetzt nicht beunruhigen. Durch Zufall habe ich im Herbst 2003 von ihr gehört. Wir waren gerade vom Niederrhein nach Marburg umgezogen. Unser neuer Stadtteil feierte ein Straßenfest. Als musikinteressierter Bürger zog es mich nicht so sehr an die vielen Stände mit Steingutzeug oder Waffeln mit Kirschen, sondern zu den Musikbühnen. Auf einem Bauernhof einer Seitenstraße war in der Scheune eine kleine Bühne aufgebaut. Und dort stand Barbara Clear nur mit ihrer Klampfe in der Hand und sang Country- und Western-Songs. Nicht unbedingt mein bevorzugter Musikstil, aber mit einer Currywurst in der Hand erlebte ich gemeinsam mit 25 anderen Zuhörern trotzdem einige schöne Momente.

Was ich zu diesem Zeitpunkt nicht kannte, war der große Traum der Sängerin dort auf der Bühne. Einmal in ihrem Leben wollte sie auf einer großen Bühne stehen und fieberte deshalb seit zwei Jahren dem 24. April 2004 entgegen. Einen Tag nach ihrem 40. Geburtstag sollte es „mal so richtig krachen". Wie sollte das geschehen?

Frau Clear wollte einmal dort singen, wo bereits Frank Sinatra, die Rolling Stones, Peter Gabriel oder die No Angels aufgetreten sind. Da keine Plattenfirma sie bisher entdeckt hatte, war sie darauf angewiesen, ihre CDs selbst zu produzieren. Im Sommer 2001 ging Frau Clear den ersten Schritt in Richtung „Erfüllung eines Lebenstraums". Sie nahm eine Single-CD mit dem Titel „Ticket to Munich" (Fahrkarte nach München) auf. Das Ziel: einmal in der Olympiahalle in München auftreten. Auf eigene Faust – und vor allem auf eigenes Risiko – mietete sie die Olympiahalle ohne Plattenkonzern im Kreuz, ohne Hit im Radio, einfach als eine Frau, die Gitarre spielen und singen kann.

Die Hallenbetreiber hielten sie für komplett verrückt, schließlich kostete alleine die Miete 60.000 Euro. Aber Barbara Clear hatte die Latte sehr hoch gelegt: Sie wollte einfach vor vielen tausend Menschen singen!

Zyniker lachten sich kaputt, selbst ihre Freunde hielten sie für völlig übergeschnappt, aber sie ging konsequent auf dieses Ziel zu. 250 Auftritte absolvierte sie in den zwei Jahren vor dem „großen Auftritt", überwiegend Kleinstveranstaltungen mit ca. 50 bis 100 Zuhörern, warb für ihre Konzertidee, verkaufte Eintrittskarten.

Und dann kam der „große Tag" der unbekannten Sängerin aus Hutthurm bei Passau. Die Medien begannen, über diese verrückte Idee zu berichten. Als sie am 24. April 2004 die letzten Meter von der Garderobe zur Bühne geht, weiß sie: Es hat geklappt. Der Traum hat sich erfüllt. Über 8000 Zuhörer feiern die unbekannte Sängerin, sie trampeln nach den Songs, lassen die La-Ola-Welle durch die Halle schwappen und singen für sie zwischendurch auch mal „Happy Birthday".

Ein außergewöhnliches Ereignis, das selbst in der 32-jährigen Geschichte der Olympiahalle einmalig ist. Traumhaft.

Die Erfüllung dieses Traums hing mit einer ganz einfachen Formulierung zusammen: „Ich will …“ – Was wollen Sie?

Lebensträume – Lebensschäume?

„Man muss einen Traum haben. Wie können Träume wahr werden, wenn man keine hat?“, diese Frage stellte Oscar Hammerstein II, der mit seinen Musicals wie z.B. „South Pacific“ oder „The King and I“ tausende Menschen auf dem New Yorker Broadway zum Träumen brachte. Wenn man nicht weiß, wohin man will, sollte man erst gar nicht loslaufen. Denn nicht der Weg ist das Ziel, sondern das Ziel ist das Ziel – das wird oft vergessen.

Wenn man nicht weiß, wohin man will, sollte man erst gar nicht loslaufen. Denn nicht der Weg ist das Ziel, sondern das Ziel ist das Ziel.

Viele Menschen träumen von einer besseren Wohnung, einem besseren Auto, einer besseren Familiensituation, einem schönen Urlaub, einer Villa am Strand oder einem besseren Posten in der Firma. Träumen ist schön, aber wenn es dabei bleibt, dann sind unsere Träume nur das Trostpflästerchen für eine Wunde, die immer wieder schmerzen wird, wenn wir mal wieder auf dieselbe Stelle fallen. Andere wiederum jagen irgendwelchen Phantasien nach und kommen niemals ans Ziel, weil es einfach unrealistisch ist und außerhalb ihrer Reichweite liegt.

Ich könnte mir zum Beispiel wünschen, mal in einem Starfighter mit zu fliegen, aber ich habe leider zu viele Plomben in meinen Zähnen. Oder aber ich könnte davon träumen, einen

Rolls Royce zu besitzen. Wenn ich aber noch nicht einmal das Geld der monatlichen Leasingraten für einen VW Lupo zahlen könnte, dann sind meine Träume nichts als Schäume. Auch die in vielen Ratgeber-Büchern eingeforderten Visionen entpuppen sich schnell als Halluzinationen, wenn sie – so verwegen sie manchmal sein mögen – nicht zumindest annähernd im Bereich der Realität anzusiedeln sind.

Wenn ich ein Ziel habe, kann ich auch Kreativität entwickeln und konkrete Schritte gehen, um dieses Ziel zu erreichen. Ich erwähnte bereits, dass das deutsche Wort „Glück" im gleichen Wortstamm wie das Wort „gelingen" wurzelt. Damit etwas gelingen kann, sollten wir vorher genau wissen, *was* denn gelingen soll. Um überhaupt einschätzen zu können, welche Fortschritte Sie auf dem Weg zu Ihren Zielen machen, sollten Sie so konkret wie möglich denken. Der Fortschritt muss messbar sein, d.h. je konkreter das Ziel formuliert wurde, desto größer ist auch die Chance, es zu erreichen.

Es gibt Situationen, in denen verhalten wir uns wie „ein dummes Kind, das darauf besteht, im Dreck zu spielen, weil es sich den Urlaub am Meer nicht vorstellen kann", wie der englische Schriftsteller C.S. Lewis einmal formulierte. Nicht immer reicht unsere Vorstellungskraft aus, um uns selbst Ziele vor Augen zu malen, die mit dem Potential, das Gott in uns gelegt hat, übereinstimmen. Ich habe sogar den Eindruck, dass die meisten Menschen deutlich unter ihren eigenen Möglichkeiten leben.

Ziehen Sie in gewissen Abständen eine Lebensbilanz.

Es steckt mehr in uns als wir bereit sind, aus uns herauszulassen. Deshalb ist es wichtig, dass wir nicht „einfach so drauf los leben" (was durchaus auch schöne Seiten hat), sondern uns von Zeit zu Zeit einmal bewusst vor Augen malen, was wir wollen und wie nah wir unseren eigenen Zielen gekommen sind. Auch wenn das

Wort vielleicht ein bisschen mächtig erscheint: Wir sollten ab und zu eine Lebensbilanz ziehen:

- Was war bisher gut?
- Welche Wege bin ich gegangen?
- Bin ich überhaupt noch auf dem richtigen Weg?
- Habe ich meine Ziele noch vor Augen oder hat irgendetwas im Leben den Blick verstellt oder vernebelt?
- Wo sollte ich vielleicht Korrekturen vornehmen?
- Gibt es neue Ziele, die ich erreichen möchte?
- Was kann ich besonders gut und was kann ich damit machen?

Es könnte sein, dass Ihnen die Beantwortung dieser Fragen beschwerlich erscheint. Vielleicht denken Sie, dass es zuviel Arbeit ist, anhand dieser Fragen einmal so etwas wie eine Bilanz zu ziehen. Ich kann das gut verstehen und hoffe, dass Sie den nächsten Satz nicht als Angriff auf Ihre Person verstehen: Wenn Sie sich keine Ziele setzen möchten und es Ihnen zu beschwerlich ist, über ihr Potential, ihren Lebensweg, ihre zurückgelegte Strecke und den nächsten Lebensabschnitt nachzudenken, dann ist das okay, aber: Jammern Sie dann bitte nicht, wenn andere Menschen glücklicher sind als Sie!

Wenn Sie sich keine Lebensziele setzen wollen, dann jammern Sie bloß nicht, wenn andere Menschen glücklicher sind als Sie.

Ziele setzen ist nicht schwer

Jeder, der in seinem Leben etwas erreichen will, muss sich Ziele stecken. Dabei handelt es sich nicht um nebulöse Wünsche, die sich irgendwann einmal erfüllen oder auch nicht. Nein, es geht um ganz konkrete Vorhaben. Sich Ziele zu setzen, scheint schwierig zu sein. Aber in der Wirklichkeit ist es ganz einfach. Es beginnt mit einem Stift und einem weißen Blatt Papier. Schreiben Sie einfach auf, welche Lebensträume Sie haben. Was wünschen Sie sich wirklich?

Warum ist es wichtig, diese Dinge aufzuschreiben? Unser Alltag ist so hektisch und es gibt so viele Impulse, Anforderungen oder auch Informationen, die wir zu bewältigen haben, dass wir von einem Moment zum anderen oft vergessen, was wir eigentlich tun wollten. Daher: Schreiben Sie Ihre Wünsche auf! Sie werden sich Ihre Träume während des Schreibens selbst neu bewusst machen. Das ist der erste Schritt, Ziele zu formulieren.

Danach kommt der zweite Schritt: Ziele realistisch einschätzen. Das hat wieder damit zu tun, dass wir uns selbst richtig einschätzen können. Dabei kann es sein, dass wir merken, dass unsere eigentlichen Ziele noch zu weit entfernt sind. Aber wer die Richtung schon einmal kennt, der kann unterwegs auch besser nachvollziehen, was er bisher erzielt hat und welche Zwischenetappen er zurückgelegt hat.

Aus dieser Einschätzung heraus ergibt sich dann eine Rangfolge unserer Ziele. Ziele können unterteilt werden in kurzfristige, mittelfristige und langfristige Ziele. Kurzfristig heißt ein Zeitraum von bis zu einem Jahr, mittelfristig sind die Ziele, die Sie innerhalb der nächsten drei Jahre erreichen wollen. Langfristig ist alles, das über drei Jahre hinausgeht.

Auch hier gilt, was wir bereits in einem vorherigen Kapitel angedeutet haben: Wir sollten immer mit dem leichtesten und nahegelegensten Ziel beginnen, um schon einmal Erfolge zu erzielen und für das nächste Ziel zu trainieren. Wenn ich zum Beispiel 20 Kilogramm abnehmen will, dann kann ich auch nicht mit dem zehnten Kilo zuerst beginnen, sondern muss zunächst einmal ein Kilo wegarbeiten, dann das nächste usw.

Das klingt banal und leichter, als es tatsächlich ist. Überlegen Sie einmal kurz, wie viele Ihrer Wünsche und Ziele der jüngsten

Vergangenheit Sie wirklich erreicht haben. Wenn Sie sich selbst frustrieren wollen, denken Sie an die „guten Vorsätze“ des letzten Silvesterabends und wie kurz die Zeit war, bis Sie davon abgekommen sind. Warum lassen wir uns so schnell von unseren Vorhaben abbringen? Ich glaube, um unsere Ziele zu erreichen, müssen wir uns manchmal selbst austricksen, sonst sind wir dankbar für jede Ablenkung, die uns auf andere Gedanken bringt. Aber glückliche Menschen nehmen sich nicht nur etwas vor, sondern sie gehen zielstrebig daran, ihr Vorhaben auch Wirklichkeit werden zu lassen!

Glückliche Menschen nehmen sich nicht nur etwas vor, sondern sie gehen zielstrebig daran, ihr Vorhaben auch Wirklichkeit werden zu lassen!

„Abends muss man die Idee haben, morgens die kritische Haltung und mittags den Entschluss fassen“, sagte der amerikanische Finanzexperte und Börsenspezialist André Kostolany. Was für Geldgeschäfte gilt, bei denen man sehr viel verlieren kann, gilt für den Alltag mit Sicherheit genauso.

Wenn der Entschluss gefasst wurde, muss die Planung folgen. Dabei kommt es auch auf eine Reihenfolge der Ziele an. Setzen Sie Prioritäten! Vielleicht haben Sie das schon tausendmal gelesen und wollen dieses Buch gerade aus der Hand legen. Warten Sie noch einen kleinen Moment. Denn egal, ob Sie eine To-do-Liste für den Haushalt, für den Beruf oder für den nächsten Urlaub zusammenstellen: Der häufigste Fehler ist, dass zuviel in zu kurzer Zeit geschafft werden soll. Alles hat auf einmal die Wichtigkeitsstufe „1“ oder „A“. Aber wo alles gleich wichtig ist, werden wir nur frustriert. Daher haben Sie einfach den Mut, Dinge hinten anzustellen, die weniger wichtig sind, selbst wenn sie nur geringfügig weniger wichtig sind. Manchmal gibt es auch

Ziele, die sich widersprechen. Da ist es besonders wichtig, aber häufig auch am schwersten, Prioritäten zu setzen.

Bereits am Ende meiner Schulzeit habe ich die Technik der „To-do-Liste" mit einer Prioritätenvergabe kennen gelernt. Bis heute arbeite ich damit. Ein einfaches Blatt Papier, auf das ich aufliste, was ich alles zu erledigen oder woran ich zu denken habe. Der Vorteil, die Dinge nicht vergessen zu können (es sei denn, ich verlege die Liste), hat den Nachteil, dass ich immer noch die Wichtigkeit der einzelnen Aufgaben selbst festlegen muss. Aber es macht mich einfach glücklich, eine Aufgabe nach der anderen als erledigt durchstreichen zu können.

Wenn es ganz hart kommt, schaue ich immer wieder gerne auf die Liste und zähle manchmal sogar, wie viel ich bereits geschafft habe. Es ist für mich ein glückliches Gefühl, eins nach dem anderen ausstreichen zu können.

So ähnlich ist es auch mit den Zielen. Wenn Sie die einmal formuliert haben, dann können Sie immer wieder nachschauen, welche Ziele bereits erreicht sind. Das gibt Motivation für die nächsten Ziele. Und ohne eine gewisse Selbstmotivation ist es kaum möglich, nachhaltig voran zu gehen.

Die Kraft der Motivation

Wenn Sie die Ziele formuliert, Prioritäten vergeben und einen ersten Plan entworfen haben, gibt es nur noch eines, das im Wege steht: Sie selbst!

Wenn Sie die Ziele formuliert, Prioritäten vergeben und einen ersten Plan entworfen haben, gibt es nur noch eines, das im Wege steht: Sie selbst!

Das Geheimnis des Erfolgs liegt in der Treue zum Ziel und in der Motivation, sich nicht nur Ziele vorzunehmen, sondern auch alles dranzusetzen, sie zu erreichen. Als die alliierten Streitkräfte im Zweiten Weltkrieg gegen Hitler eine Niederlage nach der anderen einstecken mussten, war es der englische Premierminister Winston Churchill, der folgenden Satz prägte: „Gebt niemals auf, gebt niemals auf, nie, nie, nie, nie – sei es groß oder klein, bedeutend oder gering –, gebt niemals auf, es sei denn aus Ehre und gesundem Menschenverstand." Es ist bekannt, wer schließlich gewonnen hat ...

Bei Untersuchungen mit Hunderten von Collegestudenten erwiesen sich diejenigen als die glücklicheren, die sich ihren Zielen näher kommen sahen. Studenten, die keinen Fortschritt bei sich feststellten, hatten eine dreimal geringere Wahrscheinlichkeit, glücklich zu sein. *(McGregor/Little: Journals of Personality and Social Psychology 74:494)*

Die Motivation für das Erreichen der Ziele kann aus unterschiedlichen Quellen stammen. Vielleicht haben Sie von Wilma Rudolph gehört oder sie sogar selbst erlebt. Wilma Rudolph war die erste Amerikanerin, die drei Leichtathletikgoldmedaillen bei denselben olympischen Spielen gewonnen hat. Ihre Kindheit sah keineswegs so aus, als könnte ihr ein solcher Erfolg jemals gelingen. Sie war nicht nur schwarz und weiblich – in den Fünfziger Jahren ein echtes Handicap –, sondern erkrankte als kleines Mädchen an Kinderlähmung. Ihr linkes Bein blieb teilweise gelähmt und nur durch eine spezielle Massagetechnik und einer Schiene am Bein konnte Wilma überhaupt laufen. Ihre Geschwister halfen ihr auch bei den ersten Übungen ohne Schiene. Sie musste einige Jahre orthopädische Schuhe tragen, doch dann geschah das Wunder. Mit zwölf Jahren forderte sie die Nachbarsjungen zum Wettkampf heraus: im Laufen. Während der letzten vier Jahre ihrer Schulzeit gewann sie jedes ihrer Rennen. 1956 wurde sie mit 16 Jahren für das amerikanische Olympiateam für die Spiele in Melbourne nominiert. Bei der 4 x 100 m Staffel gewann sie Bronze. „Zurück in der Schule, wollte natürlich jeder die Medaille anfassen. Als ich sie zurückbekam, war sie voller Fingerabdrücke. Ich nahm sie und wollte sie polieren, aber ich stellte dabei fest, dass Bronze nicht glänzt. Also beschloss ich, es noch einmal zu versuchen. Beim nächsten Mal wollte ich glänzendes Gold gewinnen", sagte sie über ihre Motivation.

Nach ihrer aktiven Laufbahn hielt sie Vorträge und motivierte junge Frauen, das zu tun, was ihnen auf dem Herzen lag, auch wenn es harte Arbeit bedeutete: „Man kann nur Triumphe feiern, wenn man sich dafür abmüht. Und ich weiß, was das bedeutet. Mein ganzes Leben lang habe ich meine Erfahrungen als Spitzensportlerin zu teilen versucht, damit andere junge Frauen eine Chance haben, ihre Träume zu verwirklichen."

Was Motivation ist

Ich möchte an dieser Stelle mit Ihnen das Wort „Motivation" einmal buchstabieren und für jeden Buchstaben einen Begriff ins (Glücks-)Spiel bringen, der deutlich macht, was Motivation ist. Denn ohne Motivation werden Sie keine Ziele erreichen.

Einige Stichworte sind dabei wichtig:

Mut:

Mut ist das Wagnis, mehr zu können als man kann. Es ist das Wagnis, trotz vieler Erfahrungen und Fehlschläge im Leben immer wieder neue Wege zu gehen. Mut kann manchmal auch das Wagnis sein, neue Herausforderungen anzupacken, obwohl man es lieber nicht täte. Das klingt jetzt fast wie ein Satz aus dem Lehrbuch, im alltäglichen Leben ist es tatsächlich sehr schwer. Es kommt darauf an, ob wir uns zutrauen, an Aufgaben zu wachsen, oder ob wir uns mit einem „das kann ich nicht" von der Spielfläche verabschieden. Glückliche Menschen erleben immer wieder, dass sich ihr Mut auszahlt.

Orientierung:

Wie und an wem wir uns orientieren, hat sehr viel mit unserer eigenen Sichtweise und Lebenseinstellung zu tun. Wie sehen wir die Menschen und die Dinge um uns herum? Wovon lassen wir uns leiten, verleiten und manchmal sogar fehlleiten?

Das hat wieder damit zu tun, ob wir uns leben lassen oder ob wir die Dinge selbst in die Hand nehmen. Wer jedem Depp erlaubt, durch das eigene Leben zu trampeln und seine Kernsätze auf Pfählen in den Boden zu rammen, braucht sich nicht zu wundern, wenn das Ergebnis ein Acker wird, der ein Loch neben dem anderen aufweist.

Wer jedem Depp erlaubt, durch das eigene Leben zu trampeln und seine Kernsätze auf Pfählen in den Boden zu rammen, braucht sich nicht zu wundern, wenn das Ergebnis ein Acker wird, der ein Loch neben dem anderen aufweist.

In dem letzten Kapitel dieses Buches wird es darum gehen, was uns Orientierung geben kann.

Training:

Es braucht eine gewisse Übung, bis wir wirklich gut werden im Erreichen unserer Ziele. Unsere Begabungen allein reichen nicht aus, wenn wir sie nicht ständig trainieren. Zum Glück hat jeder von uns etwas, das er besonders gut kann. Wenn wir daraus Ziele entwickeln, ist es wichtig, dass wir uns durch nichts von ihnen abbringen lassen, auch wenn sie vielleicht nicht immer in der gewünschten Zeit erreichbar sind.

Nehmen wir als Beispiel noch einmal einen Sportler, der bei der Olympiade eine Goldmedaille erringen will. Er trainiert und wird von Tag zu Tag besser, aber vielleicht reicht es nur zum vierten Platz. Was soll er machen? Weiter trainieren oder aufgeben?

Ein junger Läufer wurde während der Olympischen Spiele direkt nach dem Rennen, in dem er Zweiter geworden war, interviewt. Er sagte dem Reporter, dass er jetzt weitere vier Jahre trainieren werde, um bei der nächsten Olympiade dann die Goldmedaille zu bekommen. Der Reporter fragte: „Wenn Sie sich vier Jahre lang dem Trainingsstress aussetzen, um ein Rennen zu gewinnen – an welchem Punkt könnten Sie am leichtesten versagen? Sind es die Beine? – „Nein“, sagte der Sportler, „der Wille!“

Sportler wissen, dass ihr Erfolg nur zu 10 Prozent von der rein körperlichen Verfassung abhängt, zu 90 Prozent kommt es auf die innere Einstellung und die Trainingsleistung im geistigen Bereich an. Auch der Umgang mit Rückschlägen lässt sich trainieren.

Initiative ergreifen:
Ergreifen Sie selbst die Initiative und lassen Sie sich nicht Ihre Ziele dauerhaft von anderen diktieren. Auch nicht von Ihrem Chef oder Ihrer Chefin. Sie sollten es sich selbst wert sein und genug Würde entwickeln, die Entscheidungen für Ihr Leben selbst zu treffen und dabei nicht darauf zu achten, was andere dazu meinen. Es gibt Menschen, die man buchstäblich zur Jagd tragen muss und die glücklich sind, wenn sie auf den Armen der anderen ausruhen können. Das mag auch ein schönes Gefühl sein, aber die Folge ist, dass sie immer dahin gehen müssen, wohin die anderen gehen. Ergreifen Sie selbst die Initiative und warten Sie nicht darauf, bis andere das tun.

Lassen Sie sich nicht Ihre Ziele von anderen diktieren.

„Tue heute das, was du dir morgen wünschen würdest, heute getan zu haben“, so lautet eine Weisheit aus dem Management. Wir können sie auf unser Leben übertragen.

Visionen:
Visionen sind wichtig, weil sie über den heutigen Tag hinaus weisen. Wenn kurzfristige Ziele eher mit den Dingen zu tun haben, die offensichtlich sind und „auf der Hand liegen“, so haben Visionen mit längerfristigen Zielen zu tun, die eine bestimmte Richtung vorgeben. Visionen sind meist nicht kurzfristig zu erfüllen. Sie sind Wünsche, die sich nicht immer sofort erfüllen, aber auf deren Erfüllung wir hinarbeiten können.

Visionen können zum Beispiel entstehen, wenn wir uns folgende Fragen stellen:

- Was will ich in meinem Leben noch erreichen?
- Was ist mir wirklich wichtig?
- Wo will ich am Ende der nächsten 10 Jahre/am Ende des Lebens einmal stehen?

Visionen können uns helfen, nicht in unserem Alltag unterzugehen, weil wir wissen, wohin wir eigentlich wollen.

Anfangen:
Wenn wir erkannt haben, was sich bei uns ändern muss, wenn wir uns orientiert haben und wissen, wo wir stehen, wenn wir wissen, dass unser Glück „über den Tag hinaus“ reichen kann, dann sollten wir nicht mehr stehen bleiben, sondern anfangen.

Jeder lange Weg beginnt mit dem ersten Schritt – und Sie können auch Dinge tun, die Sie bisher nicht getan haben. Ein ganz einfaches Beispiel aus meiner eigenen Vergangenheit: Vor einigen Jahren hatte ich einen gesundheitlichen Crash, der mich schlagartig aus dem Geschäft genommen hat. Solche Punkte sind nicht leicht zu ertragen aber sie sind wichtig, weil sie manchmal zu Wendepunkten werden können. Für mich hieß der Wendepunkt: Du musst auf Deine Gesundheit achten und alles tun, dass Fitness kein Fremdwort mehr für Dich ist. Ich habe mit Laufen begonnen. Die erste Runde war nicht nur beschwerlich, sondern auch schon nach knapp 300 Metern zu Ende. Ich hätte nie gedacht, wie wenig ich drauf hatte. Peinlich!

Nach drei Wochen hatte ich keine Probleme, auch längere Strecken von 30 – 40 Minuten am Stück zu laufen. Ich habe das ca. sechs Monate durchgehalten. Leider habe ich danach wieder aufgehört. Es bedarf einiger Motivation für mich, wieder damit anzufangen. Der Kopf sagt mir immer wieder, dass es nicht gut für mich ist, zuviel am Schreibtisch zu sitzen. Aber es ist deutlich bequemer als durch den Wald zu joggeln. Ich hoffe, bald wieder den Anfang zu finden. Die besten Läufe hatte ich übrigens gemeinsam mit meiner Frau. Wir haben nicht viel gesprochen dabei, sondern sind einfach miteinander unsere Runden gelaufen. Sie hat mir damals im doppelten Sinn wieder neu auf die Beine geholfen.

Teamwork:

Nur die wenigsten Menschen erreichen ihre Ziele im Alleingang. Kein Weg ist lang mit einem Gefährten an der Seite. Wenn es Ihnen schwer fällt, Ihre Ziele zu formulieren oder aber Ihre Ziele zu erreichen, dann versuchen Sie, andere zu gewinnen, die Ihnen dabei helfen können.

Teamwork bedeutet nicht, dass alle immer einer Meinung sein müssen, aber es bedeutet, dass man gemeinsam die besten Lösungen sucht und gemeinsam für den Erfolg arbeitet. Geteiltes Glück ist dann auch doppeltes Glück.

Innovation:

Warum nicht mal völlig verrückte Dinge tun? Glückliche Menschen sind Neuem gegenüber aufgeschlossen und probieren auch gerne mal etwas aus, was sie nicht kennen. Glückspilze gehen davon aus, dass neue Dinge nie zu ihrem Nachteil sind. Wir können neuen Schwung in unser Leben bringen, indem wir einfach mal eine Liste von neuen Dingen aufschreiben, die wir gerne einmal erleben wollen. Das Glück kann erzielt werden, indem wir uns auf Neues einlassen. Einige Beispiele:

- Reisen Sie einfach einmal dahin, wo Sie schon immer gerne hinwollten.
- Besuchen Sie jemandem im Altersheim und verschönern Sie seinen Tag.
- Stiften Sie Spielzeug für eine Kinderklinik.
- Zahlen Sie Ihre Rechnungen pünktlich.
- Kreieren Sie einfach neue Traditionen, indem Sie neue Feste erfinden und Freunde und Verwandte dazu einladen.
- Beschäftigen Sie sich eingehend mit einem Thema, das Ihnen bisher fremd ist.

Dazu brauchen wir:

Offenheit:

Offenheit brauchen wir auch, um immer wieder zu überprüfen, ob wir noch auf dem richtigen Weg sind. Funktioniert das überhaupt, was wir begonnen haben? Sind wir offen für eine Änderung des Plans?

Wir sollten auf dem Weg zu unseren Zielen auch offen sein für Rückschläge, denn sie können sehr wertvoll sein. Rückschläge enthalten meistens sehr wichtige Informationen:

Vielleicht wollen wir unsere Pläne auf eine falsche Art verwirklichen. Wenn wir offen sind für andere Wege, haben wir vielleicht Erfolg. Misserfolge sagen uns mehr über die Realität als Erfolge.

Wenn wir unsere Ziele öfter nicht erreichen, ist chronische Enttäuschung die Folge. Deshalb sollten wir auch offen sein, unsere Ziele neuen Gegebenheiten anzupassen oder sie sogar komplett zu verändern, wenn wir sie als nicht durchführbar erkennen. Wenn die Ziele eines Menschen nicht zu seinen Möglichkeiten passen, dann sind Enttäuschung und Unannehmlichkeiten die Folge. Die Wahrscheinlichkeit, unzufrieden und unglücklich zu sein, vervierfacht sich, haben die Glücksforscher Pavot, Fujita und Diener in einer Studie herausgefunden.

Neustart!
Es kann ja sein, dass Sie unterwegs merken, dass es gar nicht so gut geklappt hat mit der Umsetzung Ihrer Ziele. Dann sollten Sie sich nicht entmutigen lassen, sondern einfach neu starten.

Neu starten – das bedeutet nicht unbedingt, immer wieder von ganz vorne anzufangen. Das kann auch bedeuten, an dem Punkt weiter zu machen, an dem man aufgehört hat. Ein Neustart ist jederzeit möglich!

Manchmal braucht man für einen Neustart Mut – und damit schließt sich der Kreis und wir könnten noch mal von vorne beginnen.

Vergessen, was hinter einem liegt, und ausstrecken nach dem, was vor einem liegt.

Ein Kernsatz bei der Verfolgung von Zielen lautet: „Ich vergesse, was dahinten ist, und strecke mich aus nach dem, was vor mir ist.“ Dieses Zitat stammt von Paulus von Tarsus, der in seinem Leben eine Kehrtwendung um 180 Grad vollzogen hat. Im Neuen Testament der Bibel ist von ihm zu lesen. Er hat sowohl seine Lebensmotive komplett verändert als auch seine Lebensziele. Und er hat uns dabei einige wesentliche Impulse gegeben, wenn es um Ziele geht:

Wir sollten nicht auf das schauen, was wir in der Vergangenheit falsch gemacht haben, wenn wir die Fehler der Vergangenheit erkannt und sogar bereut haben. Der Blick sollte immer nach vorne gerichtet sein. Das bedeutet, dass wir von unserer Zukunft noch etwas erwarten. Es hat übrigens auch wenig Sinn, immer an das zu denken, was uns in der Vergangenheit einmal geglückt ist. Heute ist eine andere Zeit und letztlich kommt es doch darauf an, die vor uns liegenden 24 Stunden möglichst gut, glücklich und zufrieden leben zu können. Daher sollten wir immer daran denken, was noch vor uns liegt.

Letztlich kommt es doch darauf an, die vor uns liegenden 24 Stunden möglichst gut, glücklich und zufrieden leben zu können.

Ziele sind wie kleine Schritte. Manchmal entstehen sie aus der Frage „Was wäre, wenn …“

Wir sollten unsere Augen immer auf das Hauptziel gerichtet halten. Daher ist es wichtig, sich nicht ablenken zu lassen und sich mehr an der Zukunft zu orientieren als an der Vergangenheit. Haben Sie die Chancen eines neuen Tages im Blick.

Ein befreundeter Schriftsteller, der sehr viele Romane geschrieben hat und international große Erfolge feiern konnte, erzählte mir einmal, wie er seine Arbeit bewältigt. Er nimmt sich für jeden Tag eine gewisse Anzahl an Wörtern vor, die er für einen neuen Roman schreiben will. Wenn er diese Anzahl geschrieben hat (egal, ob er zwei oder fünf Stunden dafür braucht), kommt er langsam zum Ende. Aber: Er hört immer auf einem Höhepunkt seiner Story auf!

Seine Erklärung dazu: „Wenn ich mit einem Problem meinen Arbeitstag beenden würde, dann müsste ich den nächsten Tag mit der Lösung dieses Problems beginnen. Höre ich aber mit einem Höhepunkt auf, dann kann ich am nächsten Tag auch an diesem Punkt weitermachen.“

Ein chinesisches Sprichwort heißt: „Eine Reise von 1000 Meilen beginnt mit dem ersten Schritt.“ Wenn Sie sich vernünftige, sinnvolle und realistische Ziele gesetzt haben, konsequent Ihren Weg gehen und ein Ziel nach dem anderen erreichen, werden Sie dabei (fast automatisch) Schritt für Schritt glücklicher.

Wenn Sie sich vernünftige, sinnvolle und realistische Ziele gesetzt haben, konsequent Ihren Weg gehen und ein Ziel nach dem anderen erreichen, werden Sie dabei (fast automatisch) Schritt für Schritt glücklicher.

Glückliche Menschen ...

... wissen, dass es im Leben darauf ankommt, reich zu sein (aber was ist Reichtum?)

Statt zu klagen, dass wir nicht alles haben,
was wir wollen, sollten wir lieber dankbar sein,
dass wir nicht alles bekommen, was wir verdienen.

Dieter Hildebrandt, Kabarettist

Gehören Sie vielleicht auch zu den glücklichen Menschen, die von sich sagen können: „Ich habe kein Problem mit Geld." Einer meiner Freunde benutzt diesen Spruch häufiger, allerdings mit dem Zusatz: „Ich habe kein Problem mit Geld, ich habe nur ein Problem ohne Geld!"

Da sitzt der Kabarettist Mike Krüger in einer Talksendung bei N-TV und wird von dem Gastgeber zum Schluss der Sendung gefragt, ob er noch einen Kernsatz an das Publikum richten wolle. Krüger setzt sich in seinem Stuhl ein wenig zurecht und sagt dann: „Früher habe ich immer gedacht, Geld macht glücklich. Heute weiß ich: es stimmt!" Ob alle Zuschauer gemerkt haben, dass hier ein Kabarettist gesprochen hat?

Geld ist ein großes Thema für uns Menschen. Je nachdem, welche Grundwerte wir für unser Leben als wichtig erachten, spielt es eine große oder weniger große Rolle für uns. Geld hat häufig mit Anerkennung und sozialem Ansehen zu tun. Daher wird es auch gerne gezeigt, wenn jemand zu Reichtum gelangt ist: Die Größe der Autos, die Anzahl der Häuser, die Größe der Firmen, der gesamte Besitz, die teuren Urlaubsreisen – all das sollen äußere Zeichen für Glück sein. Doch stimmt das wirklich? Hat Glücklichsein mit Reichtum zu tun? Und was ist überhaupt Reichtum?

Manchmal hat es tatsächlich mit viel Glück zu tun, ob jemand reich wird oder nicht. Vielleicht haben Sie schon einmal von dem Pulitzer-Preis gehört? Pulitzer besaß eine der größten Zeitungen Amerikas, war wesentlich daran beteiligt, dass die Freiheitsstatue in New York auf ihrem Sockel steht, denn er sammelte die Spenden dafür. Er stiftete den weltberühmten Pulitzer-Preis für Journalisten und Schriftsteller. Doch wenn er nicht an einem bestimmten Punkt in seinem Leben immenses Glück gehabt hätte, wäre sein Leben mit Sicherheit ganz anders verlaufen. Mit siebzehn Jahren wanderte er in die USA ein und hatte keinen Penny in der Tasche. Es gab keine Arbeit für ihn und so lungerte er immer in einer Bibliothek herum und schaute den Leuten beim Schachspiel zu oder spielte selbst. Dabei lernte er eines Tages den Herausgeber einer Lokalzeitung kennen.

Diese Zufallsbegegnung hatte zur Folge, dass ihm ein Volontariat bei dieser Zeitung angeboten wurde. Einige Jahre später hatte er die Möglichkeit, selbst Aktien dieser Zeitung zu erwerben. Diese Chance ließ er sich nicht entgehen. Eine äußerst glückliche Entscheidung, denn das Blatt erwies sich als Goldgrube.

Insgesamt traf Pulitzer noch weitere glückliche Entscheidungen und schließlich gelang es ihm, selbst Herausgeber und Besitzer von zwei sehr bekannten Zeitungen zu werden. Glück gehabt.

Solche Geschichten lieben wir! Vom Tellerwäscher zum Millionär, das weckt in uns Träume von einem schönen Leben. Aber vielleicht würden wir diese Träume realistischer einschätzen können, wenn eines Tages all die Geschichten aufgeschrieben würden, wo Millionäre als Tellerwäscher geendet sind. Aber die Verleger wissen zu gut, dass sich solche Storys nicht gut verkaufen. Wer will schon von diesen „gescheiterten Existenzen" lesen? Das sind doch die absoluten Verlierer der Gesellschaft, von denen wir uns nur zu gerne abwenden.

Doch in der Realität kommt es nicht selten vor, dass einem

kometenhaften Aufstieg in den Olymp des Geldverdienens der rasante Fahrstuhl nach unten folgt.

Es ist noch gar nicht so lange her, da geschah es in Deutschland, dass Menschen Kredite aufnahmen, um Aktien zu kaufen. Die Entwicklung der New Economy war so rasant nach oben geschnellt, dass viele sich das Glück durch eine Abkürzung über den neuen Finanzmarkt erhofften. Doch wie es im Leben so ist: Was zu schnell wächst, geht schnell wieder ein.

Was müssen wir tun, um reich und glücklich zu werden? Diese Frage ließen sich viele Menschen auf Power-Days und Motivationstagen in großen Hallen von Erfolgstrainern und Motivationskünstlern beantworten. In „Alles ist machbar"-Seminaren wollten sie sich den schnellen Weg zur finanziellen Freiheit und zum Glück zeigen lassen.

Erfolgsgurus wie Jürgen Höller oder der Finanzexperte Bodo Schäfer ließen sich dann auch nicht lumpen und gaben den Leuten das, wofür sie zu zahlen bereit waren: Effektvoll setzten sie die Sehnsüchte vieler Menschen in Lasershows und Animationsprogrammen um. Lebenshilfe als Showbusiness, persönliche Fragen als Massenspektakel, Selbstüberwindung mithilfe von Tigern. „Gib niemals auf!" und „Alles ist möglich!" waren die Kernsätze. Beide Sätze stimmen, aber nicht in dem Sinne wie sie von den Lebenskünstlern und Motivationstrainern gebraucht wurden. Sie setzten auf ihrem schmalen Weg zwischen Motivation und Manipulation psychologisch geschult bei der Orientierungslosigkeit ihrer Gefolgschaft an.

Die Anforderungen an uns sind in den letzten zehn Jahren extrem gestiegen. Die Biografien weisen mehr Brüche auf als jemals zuvor. Familien zerbrechen, Arbeitsplätze werden unsicherer, Selbstverantwortung wird größer – und viele können mit diesen Gegebenheiten nicht gut umgehen. Daher erhoffen sie sich Hilfe von den Rezepten der Motivationskünstler vom Schlage Höller. Dessen Theorie wurde natürlich bestätigt, denn eine Zeitlang war er ungeheuer erfolgreich und der kometenhafte „Aufsteiger des Jahres". Doch dass Erfolg und viel Geld zynisch und menschenverachtend machen, wird an der Äußerung Höllers deutlich: „Erfolglose Menschen sind unsozial!"

Heute würde er einen solchen Satz nicht mehr in den Mund nehmen, denn er träfe auf ihn selbst zu. Es ist nichts mehr übrig von den maßgeschneiderten Anzügen und handgenähten Schuhen. Ferrari, Porsche und Rolls Royce sind unter den Hammer gekommen. Die Motivationsgurus sind in den Jahren 2000 und 2001 etwas zu Schaden gekommen. Die Schäfer Finanz Coaching ist im Jahr 2000 pleite, der Marktführer im Trainingsbereich Add!Brain folgte und Jürgen Höllers Inline AG meldet als vorweihnachtliches Geschenk für alle Aktionäre (Motto: Menschen glücklich machen) am 21. Dezember 2001 Insolvenz an. Im September 2002 leistet der selbsternannte Motivationstrainer Nr. 1 schließlich den Offenbarungseid. Irgendwie war nicht mehr viel übrig von der „Ich will – also schaffe ich es!"-Theorie. Stattdessen interessierte sich die Staatsanwaltschaft erfolgreich für den „Glücklichmacher".

Der ehemalige Betreiber von Fitnessstudios wollte einen „McDonalds der Weiterbildung" in Europa aufbauen. Doch der finanzielle Schnellimbiss erwies sich als nicht vitaminhaltig genug, um Menschen wirklich Kraft und Durchhaltevermögen zu geben. Wie titelte der SPIEGEL so schön: „Die Motivationsbranche hat ein Problem – sich selbst!"

Der „sichere Fahrplan zum Erfolg" (O-Ton Höller) hatte sich als Sackgasse erwiesen, an deren Ende ein Haus mit Gitterstäben vor den Fenstern stand und damit eine unverhoffte Perspektive.

Der Zauber des Geldes

Doch obwohl wir diese Fakten kennen, glauben wir, es besser zu wissen. „Na ja, die beiden haben das halt falsch angepackt", oder „Vielleicht haben sie im entscheidenden Moment einfach Pech gehabt", so sagen wir uns selbst und denken, Geld würde den schnellen Weg zum Glück eröffnen.

Finanzielle Unabhängigkeit und ein volles Bankkonto gehören zu dem größten Zauber, der uns Menschen in seinen Bann ziehen kann. Viele von uns denken darüber nach, was wäre, wenn sie reich wären. Wir wollen uns unsere Wünsche erfüllen und noch mehr. Wir wollen auch anderen etwas Gutes tun, für andere sorgen, Geschenke machen, vielleicht sogar die Not in der Welt lindern. Doch wer sich auf den Wellen des Finanzmarktes treiben lässt, muss aufpassen, dass er nicht selbst bald in Not gerät. Die Sehnsucht nach Unabhängigkeit ist ein ganz alter Hut. Seit der Vertreibung aus dem Paradies meinen die Menschen, sie müssten sich selbst eins schaffen – und dafür brauchen sie Geld.

Der Wert des Geldes ist allerdings variabel. Ganz alte Menschen erinnern sich an die Zeit in Deutschland vor dem Zweiten Weltkrieg. Da stand auf einmal auf einem Geldschein 1 Million Mark, doch es reichte noch nicht einmal, um genügend Essen für einen Tag zu kaufen. Es liegt also gar nicht an den Nullen, ob wir uns glücklich fühlen oder nicht. Trotzdem bleibt die Sehnsucht!

Vielleicht kennen Sie das Musical Anatevka. Darin geht es um ein kleines jüdisches Dorf, das mitten in Russland liegt. Das Musical handelt von dem Milchmann Tevje und seiner Familie, die einige Probleme zu bewältigen haben. Tevje kommt in einen ernsthaften Konflikt zwischen seinen heiratswilligen Töchtern und seinem eigenen jüdischen Glauben. Beeindruckend in dem Stück ist ein Lied, dass Tevje in sich versunken sinniert: „Wenn ich einmal reich wär …widewidewidewidewidewidewidewam."

Und er zählt alle Sehnsüchte auf, die auch wir in manchen Momenten hegen: „Brauchte nicht zur Arbeit … hätt' ein großes Haus … mein Hof wär voll von Hühnern, Gänsen und Enten…ein jeder hört: Hier wohnt ein reicher Mann!"

Gutes Essen, eine aufmerksame Dienerschaft, hohe und berühmte Leute im Bekanntenkreis usw., alles wäre möglich: „Wenn ich einmal reich wär …"

Leider bleibt für viele von uns als Quintessens des Liedes nur „widewidewidewidewidewidewidewam" übrig. Und auch nur, wenn wir das Leben von der heiteren Seite aus betrachten.

Es gibt immer mehr Menschen, die schon glücklich wären, wenn sie überhaupt mal etwas verdienen würden. Wie viele junge Leute schreiben Bewerbung auf Bewerbung, während sich ihr Schuldenberg stetig anhäuft. Sie würden gerne mal soviel Glück haben wie Pulitzer oder die Kernsätze der Schäfers und Höllers in ihrem Leben verwirklicht sehen, aber irgendwie scheint es ihnen nicht vergönnt zu sein.

Wieder andere vertreten die Meinung, das Glück wolle gezwungen werden und versuchen es, indem sie tagaus tagein schuften wie verrückt. Der Kontostand wächst stetig, aber können sie das auch von der Lebensqualität sagen? Ist Geld tatsächlich ein adäquates Mittel, um das Loch in unserer Seele zu stopfen?

Wie viel Geld ist genug?

Der Glücksforscher Bernd Hornung hat in verschiedenen Studien herausgefunden, dass eine materielle Lebenseinstellung „Gift für das eigene Glück und Wohlbefinden" ist. Er warnt davor, gierig zu sein. Geld und Reichtum ist wie das Trinken von Meerwasser. Es stillt nicht den Durst, sondern weckt ihn erst richtig. Studien haben auch ergeben, dass Menschen, die Materialismus hoch schätzen, weniger glücklich sind als die, die es nicht tun.

Die Wechselwirkung zwischen Geld und Glücklichsein ist erstaunlich gering. So haben nach Meinung des Oxford-Professors Michael Argyle Einkommen und Vermögen einen überraschend schwachen Einfluss auf unser Glück und Wohlbefinden.

Auf der anderen Seite sind Menschen, die Geld haben, finanziell unabhängiger und genießen diese Freiheit. Insofern sorgt eine gute finanzielle Basis auch für eine gewisse Grundzufriedenheit im Leben. Die soll übrigens in der Schweiz am größten sein. Im europäischen Vergleich schaffen es die Eidgenossen auf wissenschaftlich beglaubigte 8,1 Punkte auf der bis 10 reichenden Skala. Die Deutschen bringen es immerhin auf 6,7 Punkte und liegen damit immer noch im oberen Drittel. Im weltweiten Vergleich sieht die Sache schon anders aus: Bei einem Vergleich von 54 Ländern lag Deutschland beim Glücksniveau der Einwohner auf Platz 33. Die ersten beiden Plätze belegten die armen Länder Venezuela und Nigeria.

Das Ergebnis solcher Untersuchungen lässt den eindeutigen Schluss zu: Wohlstand allein macht nicht glücklich. Geld an sich macht nicht glücklich, auch nicht wenn es durch einen gewaltigen Sprung in der Firmenhierarchie verdient wurde. Das hängt sehr wahrscheinlich damit zusammen, dass wir Menschen uns an alles gewöhnen können, auch an Geld. Was man besitzt, verliert leicht seinen Reiz, weil man sofort wieder nach dem schaut, was man nicht hat. Es gibt Lottogewinner, die gemerkt haben, dass die Erfüllung materieller Wünsche nicht automatisch Zufriedenheit mit sich bringt. Wenn das Geld erstmal den „ersten Zauber" verloren hat, dann glauben wir vielleicht noch, die Menge würde es bringen. Das heißt: Je mehr davon im Safe liegt, desto besser geht es uns. Wer Schlagworte braucht: das Dagobert-Duck-Syndrom.

Und schon befinden wir uns in einem Kreislauf und auf dem besten Weg, dem Hamster in seinem Käfig zu gleichen. Irgendwer hängt in die Nähe des Laufrads ein paar läppische Euros und schon laufen wir, bis wir dann irgendwann erschöpft – und ohne die versprochene Beute – in einer Ecke liegen und uns nur fragen können, warum wir eigentlich so hinter dem Geld her sind? Ein jüdisches Sprichwort sagt: Wenn man arbeitet, hat man keine Zeit, Geld zu verdienen.

Was sollen wir nun mit diesen Informationen auf unserem Weg zum Glück anfangen? Nun, zum einen bringt es uns vielleicht ins Nachdenken über unsere Werte, wenn wir Glück bisher immer mit Geld in Verbindung gebracht haben. Es müsste uns doch eigentlich immer wieder stutzig machen, wenn wir von berühmten Schauspielern, Managern, Fabrikanten, Sängern und den so genannten Stars in den Zeitungen lesen, dass sie sich völlig unglücklich von irgendeiner Stauseemauer gestürzt oder ihr Leben auf andere Weise selbst beendet haben. Glückliche Menschen machen so etwas nämlich nicht!

Gleichzeitig zeigt uns unser eigenes Verhalten aber auf, wie zwiespältig das eigene Denken ist. Denn obwohl wir wissen, dass Geld nicht glücklich macht (oder es zumindest ahnen), wollen wir es doch – mehr oder weniger offen zugegeben – haben, und streben nach Reichtum. Wir glauben, Besitz bringe Lebensglück. Offensichtlich ist aber, dass das gar nicht stimmt.

„Die Reichen müssten sehr glücklich sein, wenn sie nur halb so glücklich wären, wie die Armen glauben", hat einmal der Schweizer Aphoristiker Charles Tschopp gesagt. Vielleicht laufen wir ja auf falschen Wegen, wenn wir glauben, dass Geld glücklich macht.

Genieße den Tag!

Wir wissen, dass das letzte Hemd, das wir einmal tragen werden, keine Taschen hat. Und vielleicht kennen wir auch noch den Vergleich von dem Kamel und dem Nadelöhr und dem Reichen und dem Himmel. In der Bibel stehen einige Geschichten zum Thema Geld. Da wird zum Beispiel von einem reichen Kornbauern erzählt, der sein ganzes Leben gearbeitet hat wie verrückt. Und gerade als er sich zufrieden zur Ruhe setzen wollte, um seinen Reichtum zu genießen, wird ihm gesagt: „Du Narr! Diese Nacht wird man deine Seele von dir fordern; und wem wird dann all das gehören, was du hier so schön angehäuft hast?"

Im Alten Testament ist viel Lebensweisheit verborgen. Zum Beispiel in dem Buch Kohelet. Der Schreiber war nicht immer gut drauf und hätte vielleicht zwischendurch mal etwas Ermutigung brauchen können, aber er hatte eine sehr realistische Sicht des Lebens und der größeren Zusammenhänge. In seinem Tagebuch schrieb er auch einige Gedanken zum Thema „Geld und Glück":

„Nackt, wie der Mensch auf die Welt gekommen ist, muss er wieder von ihr gehen. Von allem, was er hier angehäuft hat, kann er nicht einmal eine Handvoll mitnehmen. Das ist doch eine ganz üble Sache: Der Mensch muss gehen, wie er gekommen ist; für nichts und wieder nichts hat er sich abgeplagt. Sein Leben lang hat er sich nichts gegönnt und sich mit Ärger, Sorgen und Krankheit herumgeschlagen."

Klingt nicht gerade sehr aufbauend, oder? Aber es scheint sehr weise zu sein, denn das sind die Fakten unseres Lebens: Mit nichts gekommen, nichts kann mitgenommen werden! Wer nur auf Arbeit, Geld und Ansehen achtet und denkt, das sei sein Leben, der wird am Ende eine erschütternde Bilanz ziehen müssen: Nichts bleibt! Nichts kommt heraus, kein Ertrag, kein Gewinn.

„Das ist doch eine ganz üble Sache", sagt Kohelet. „Der Mensch muss gehen, wie er gekommen ist." Aber das ist nur die eine Seite der Medaille. Es gibt noch eine andere, die lautet: „Wenn du schon nichts mitnehmen kannst, wofür du dich jeden Tag abrackerst, dann genieße doch wenigstens das, was du hast und sieh es als ein Geschenk an!"

„Ich bin zu der Erkenntnis gekommen, dass wir Menschen in dem kurzen Leben, das Gott uns zugemessen hat, nichts Besseres tun können als essen und trinken und es uns wohl sein lassen bei aller Mühe, die wir haben. So hat Gott es für uns bestimmt."

Na, überrascht?! So etwas steht in der Bibel, diesem Buch, das von vielen als antiquiert, weltfremd, verstaubt und bieder verschrieen wird!

Aber bevor Sie jetzt guten Gewissens zum „Fressen und Saufen" übergehen, sollten wir noch einen Augenblick verweilen, um den wahren Sinn hinter diesen Worten zu verstehen. Letztlich gibt Kohelet den Rat: Genieße dankbar das, was du hast und bleibe bei dem, was du hast. Das ist das eigentliche Geschenk für unser Leben, wenn wir endlich mal mit dem zufrieden sein können, was wir haben und nicht immer „höher, schneller, weiter" streben müssen.

Versuchen wir doch, öfter einmal hinter die Dinge zu schauen! Je mehr wir haben, desto mehr wollen wir. Je größer unser Besitz, desto größer wird die Anstrengung sein, ihn zu behalten. Je mehr wir erlebt haben, desto mehr wollen wir erleben. Das Stichwort „Erlebnisgesellschaft“ ist seit vielen Jahren in unserem Sprachgebrauch. Etwas zu erleben ist immer noch besser als Langeweile, aber manchmal treiben wir es meines Erachtens ein bisschen weit. Früher ging man einfach einkaufen, heute muss es der Erlebniskauf sein. Früher gingen wir schwimmen, heute muss es das Erlebnisschwimmbad sein. Wir dürfen gespannt sein, welche Blüten unser Erlebnisdrang noch treiben wird. Die Vergangenheit hat gezeigt: Alles ist irgendwie steigerbar. Wer zufrieden ist, der gilt schon fast als „Spaß-Verweigerer“.

Verkehrte Welt

Ich bin fest davon überzeugt, dass Glück mit Reichtum zusammenhängt! Glückliche Menschen wissen, dass sie reich sein müssen. Aber was ist Reichtum?

Ich möchte eine Geschichte von Reichtum und Armut erzählen. Sie handelt von einem jungen Mann, der sich in seiner Familie immer ganz hinten anstellen durfte. Es ist eine Geschichte aus der jüdisch-christlichen Vorzeit. Dieser junge Mann war so der „kleine Depp der Sippe“, obwohl er bei seinem Vater hoch im Kurs stand. Seine zehn Brüder mussten ihn immer mitnehmen, weil der Vater das so wollte. Er wuchs in einer sehr reichen Familie auf, und es fehlte ihm wirklich an nichts. Er hätte sich ein bequemes Leben machen können und den Reichtum einfach nur genießen. Schließlich war er doch der Lieblingssohn vom alten Herrn.

Das sorgte nicht gerade für Wohlwollen bei den übrigen Brüdern. Dazu kam, dass er eine nicht ganz so gute Eigenschaft hatte, die er zudem noch taktisch unklug einsetzte: Er träumte. Und diese Träume führten dazu, dass seine Brüder ihn sehr bald als „Streber", „Wichtigtuer" und „Dummschwätzer" verspotteten. Als er dann eines Tages mit diesem eigenartigen Traum aufwartete, bei dem sich alle seine Brüder aufgereiht nacheinander vor ihm verneigten, war das Maß endgültig voll. Sie waren sich einig: Der Kleine hat eine große Macke!

Eines Tages ging er seinen Brüdern entgegen, um sie von der Arbeit abzuholen. Das hätte er vielleicht bleiben lassen sollen, denn die Brüder nutzten diesen günstigen Moment aus, um ihm auf ihre ureigenste Art zu zeigen, was ein Alptraum ist. Mit Genugtuung schlugen sie ihn halbtot und ließen ihn im Straßengraben liegen. Um die Tat zu vertuschen, verkauften sie ihn schließlich als „Leiharbeiter" an eine vorbeiziehende Karawane. Dem Vater sagten sie, er sei bei einem tragischen Unglück ums Leben gekommen. Der Löwe hätte nichts übrig gelassen.

Es ging für Josef, so hieß der Junge, nicht wie heute in den Sudan, sondern nach Ägypten, wo er auf dem Sklavenmarkt weiterverkauft wurde. Aber er hatte Glück. Er wurde an einen hohen Beamten des Regierungschefs verkauft. Schnell gewann er dessen Vertrauen und der merkte, was „in dem Jungen alles steckt". So wurde Josef zum Verwalter des Hauses und bekam Prokura. Er hatte es geschafft! Schöne Kleider, genug zu essen, eine verantwortungsvolle Aufgabe – und vielleicht sogar noch etwas mehr. Denn die Frau des Ministers hatte ein Auge auf den schönen Verwalter geworfen. Da ihr Mann sie aus beruflichen Gründen etwas vernachlässigte, brauchte die Frau offensichtlich ein wenig Abwechslung am Nachmittag. Josef hätte viele schöne Stunden mit ihr verbringen können, aber als es ernst wurde, widerstand er „der zartesten Versuchun, seit es Ministerfrauen in Ägypten gab".

Schön blöd, oder? So ein bisschen Spaß am Rande des Arbeitsalltags, was ist schon dabei? Und wenn man schon Reichtum verwalten durfte, dann durfte man sich doch von verheirateten Frauen auch reichlich verwöhnen lassen. Doch für Josef war klar: Du darfst nicht gegen deine Prinzipien und gegen deinen Glauben handeln, selbst wenn die Gelegenheit günstig ist.

Dieser Charakterzug machte ihn zunächst arm, denn die verstoßene, potentielle Liebhaberin verleumdete ihn und machte den „unwilligen Burschen" fertig. Sie täuschte eine versuchte Vergewaltigung vor. Josef verlor nicht nur seinen Posten, sondern kam auch ins Gefängnis.

Dumm gelaufen, oder? Aber er machte sich nicht eine Minute Gedanken darüber, ob er nicht vielleicht doch das Schäferstündchenangebot hätte annehmen sollen, um seinen Erfahrungsschatz und -reichtum zu vermehren. Karriere-Ende aus Charakterstärke. Aber die Geschichte geht noch weiter und es ist gerade die Gradlinigkeit und Ehrlichkeit, die ihn schließlich vom Knastbruder zum Verwalter des Pharaos werden lässt. Die Geschichte hat ein Happy-End. Und Josef kommt zu immensem Reichtum und kann schließlich seiner in Not geratenen eigenen Familie das Leben retten.

Gewinnen durch Verzicht. Erfolg haben durch Charakterstärke. Josef hatte für sein Leben klare Werte: „Wenn Reichtum dazu führt, dass ich meinen Chef hintergehe und ihm die Frau wegnehme (auch wenn sie sich selbst wärmstens anbietet), dann will ich lieber arm sein."

Josef wusste, dass wir uns mit Geld nicht alles kaufen können, und schon gar nicht das Glück. Er hat der Gier widerstanden, die entstehen kann, wenn uns alles gelingt und wir uns mit Dingen umgeben, die nicht nur schön, sondern auch verführerisch sind.

Geld und Macht sind verführerisch. Sie verleiten dazu, dass Menschen denken, sie könnten sich alles erlauben und ihnen würde alles gehören, auch wenn es faktisch nicht so ist. Daher ist es wichtig, dass wir unsere Haltung dazu überprüfen. Wer auf der Erfolgsschiene schwimmt, steht in der Gefahr, sich Dinge anzueignen, die ihm nicht zustehen. Das liegt an dem Teufelskreis, dass es eigentlich nie ein „genug" gibt, es sei denn, man zieht selbst klare Grenzen.

Josef hat für sich diese Grenze gezogen. Er hat alles verloren, um später weitaus mehr zu gewinnen. Es muss in unserem Leben nicht so spektakulär ablaufen wie bei ihm. Aber auch wir sollten eine klare Entscheidung treffen, wie unser Verhältnis zum Reichtum ist und wie weit wir gehen, um ihn zu bekommen oder zu erhalten. Bewusste Entscheidungen für die „alten Werte" machen unser Leben reich und machen glücklich, weil wir erleben: Es kommt im Leben nicht darauf an, dass wir uns selbst das nehmen, was wir wollen, sondern dass wir uns beschenken lassen.

Der katholische Pfarrer Lothar Zenetti hat einmal ein Gedicht mit dem Titel „Am Ende die Rechnung" geschrieben:

Einmal wird uns gewiss die Rechnung präsentiert
für den Sonnenschein und das Rauschen der Blätter,
die sanften Maiglöckchen und die dunklen Tannen,
für den Schnee und den Wind, den Vogelflug und das Gras
und die Schmetterlinge, für die Luft, die wir geatmet haben,
und den Blick auf die Sterne und für alle die Tage, das Licht,
die Abend und die Nächte.

Einmal wird es Zeit, dass wir aufbrechen und bezahlen;
bitte die Rechnung. Doch wir haben sie ohne den Wirt gemacht:
Ich habe euch eingeladen, sagt der und lacht, soweit die Erde reicht:
Es war mir ein Vergnügen!

Glückliche Menschen …

… haben bewusst eine Entscheidung für das Leben getroffen

Wer nie aus allen Wolken fiel, lebt in ihnen.

Sigmar Schollak, Satiriker

Sie sind bis zu dieser Stelle im Buch ein ganzes Stück des „Weges zum Glück“ gegangen. Hoffentlich haben Sie den einen oder anderen Schmetterling am Wegesrand entdeckt, der Ihnen nicht nur mit bunten Farben gezeigt hat, dass das Leben viele schöne Seiten hat, sondern der Ihren Blick auch in eine neue Richtung gelenkt hat.

Es war von unserer Vergangenheit die Rede (Woher komme ich?), von unseren Werten (Auf welchem Fundament steht mein Leben?), von unserer Arbeit und unserer Lebensaufgabe (Womit beschäftige ich mich?), von guten Beziehungen (Für wen bin ich wichtig?), von klaren Zielen und unserer Motivation (Wohin gehe ich?) und von Reichtum, der ganz anders aussieht, als wir uns das so vorstellen.

In diesem Kapitel geht es um unsere Einstellung zum Leben und darum, wo wir das Glück suchen und finden können. Vielleicht zweifeln Sie daran, dass es überhaupt so etwas wie einen Lebenssinn oder das Lebensglück gibt. Ein französisches Sprichwort sagt: „Bezweifle nur das, was wahrscheinlich zu sein scheint.“

Wann haben Sie zum letzten Mal gezweifelt? Vielleicht legt sich Ihre Stirn bei solch einer direkten Frage jetzt in Falten und Sie bezweifeln, ob Sie sich diese Frage in diesem Moment unbedingt stellen lassen wollen. Zweifeln gehört zu unserem Leben –

und die wirklichen Überraschungen erleben wir doch nur, wenn sich etwas als handfest und wahr erweist, das wir vorher angezweifelt haben.

Wann haben Sie zum letzten Mal gestaunt? Auch wieder so eine Frage, oder? Alles Mögliche kann uns in Staunen versetzen. Und wissen Sie, was das Schönste daran ist: Wir können uns gar nicht dagegen wehren! Ein bewusstes Staunen gibt es nicht, sondern wir werden von Personen, Aussagen, schönen oder erschreckenden Dingen in Staunen versetzt.

Das Leben hat so viel zu bieten – und trotzdem bleiben immer Wünsche offen. Auf unserem Weg zwischen Zweifeln und Staunen haben wir Sehnsüchte, Fragen und Bedürfnisse. Und wenn die berühmte Märchenfee käme und uns drei Wünsche frei geben würde, wüssten wir sicher sofort, welche das wären.

Was wünschen Sie sich für Ihr Leben? Auf einer Weltausstellung in Hannover im Jahr 2000 gab es einen „Baum der Wünsche". Die Besucher konnten ihre Wünsche auf ein kleines Blatt schreiben und es dann an diesen Baum kleben. Anonym – und deshalb ehrlich. Was wünschten sich die Leute? „Ich will berühmt werden!", „Ich wünsch mir, dass die Welt gerechter wird" oder auch „Ich wünsche mir lauter reiche ‚Kerle', Klamotten und ein schnelles Auto", stand auf den Zetteln.

Doch auch sehr persönliche, tiefgehende Wünsche wurden aufgeschrieben, wie z.B. „Ich wünsche mir wieder Kontakt zu meiner Tochter", „Ich wünsche mir, dass ich erlebte Dinge vergessen und verarbeiten kann", „Ich wünsche, dass meine Depressionen verschwinden" oder auch „Ich hoffe, dass ich nicht noch mehr meiner Freunde durch Magersucht oder andere Probleme verliere". Einer hat geschrieben: „Ich hoffe, dass wir bald keine Schulden mehr haben."

An wen wenden wir uns mit unseren Wünschen? Von wem hoffen wir, dass er sie erfüllt? Wenn es zum Beispiel um die Bewahrung unserer Kinder geht, wenn kaputte Beziehungen und Ehen wieder ins Lot kommen sollen oder wenn Krankheiten die Lebensqualität deutlich einschränken? „Ich wünsche mir, dass meine kleine Schwester wieder gesund wird, wieder hören kann und lernt, richtig zu sprechen", hat ein Kind an den Baum geheftet. Ein sehnlicher Wunsch. „Anne und Opa Helmut wünschen sich, dass sich alle vertragen", stand auf einem anderen Zettel.

Mehr von Zweifeln geplagt war ein Besucher, der auf seinen Zettel kritzelte: „Ich wünsche mir nichts, denn es wird nicht in Erfüllung gehen!"

Ob auch er irgendwann einmal ins Staunen versetzt wird?

Und dann hing da inmitten der vielen Wünsche, Hoffnungen und Sehnsüchte ein gelber Zettel, auf dem Folgendes zu lesen war: „Hallo Jesus. Jetzt wird es aber langsam Zeit mit einem besseren Leben für mich und meine Frau. Ich habe jetzt genug getan, jetzt bist du dran."

Hat Gott etwas mit unseren Wünschen zu tun? Ist er die richtige Adresse für unsere Sehnsüchte?

Erwartungen an das Leben

Unsere Wünsche haben sehr viel mit unseren Erwartungen an das Leben zu tun. Der Glücksforscher und Psychologie-Professor Martin Seligmann, der unter anderem durch Buchtitel wie „Pessimisten küsst man nicht" auf sich aufmerksam machte, hat herausgefunden, dass Glück und Lebensfreude stark von einer optimistischen Erwartungshaltung dem Leben gegenüber abhängen. Seligmann vertritt die Meinung, dass wir selbst sehr viel zu unserem Glück beitragen können, indem wir zum einen „Optimismus lernen", zum anderen aber uns bewusst dafür entscheiden, glücklich sein zu wollen. Können wir das überhaupt: bewusst glücklich sein wollen? Spielt unsere bewusste Entscheidung für das Glück tatsächlich die entscheidende Rolle in unserem Leben?

Wir müssen uns bewusst dazu entscheiden,
glücklich sein zu wollen.

Glücksforscher haben unter anderem die Entdeckung gemacht, dass wir uns glücklich fühlen, wenn wir mehr positive als negative Erlebnisse in unserem Leben verbuchen können, sprich: wenn das Resultat unseres bisherigen Lebens ein positives Ergebnis aufweisen kann. Das Glück besteht daher nicht ausschließlich in der Abwesenheit von Pech oder Unglück, sondern kann positiv herausgefordert werden.

Die (Zwischen-)Bilanz unseres Lebens hat viel damit zu tun, was wir vom Leben erwarten und welche Sichtweise wir haben.

Ich komme noch einmal auf das bekannte Bild von dem halbleeren oder halbvollen Glas zurück. Menschen, die dauerhaft unglücklich sind, sehen überwiegend die Defizite in ihrem Leben. Sie schauen nicht auf das, was sie haben, sondern sehen das, was sie nicht haben. Sie schaffen es aber nicht, daraus positive Ziele zu entwickeln oder trotzdem zufrieden zu sein, sondern es entwickelt sich Frust bei ihnen.

Wer nur auf das schaut, was ihm fehlt,
dem geht die Lebensfreude durch die Hintertür stiften.

Wer nur auf das schaut, was ihm fehlt (und was andere scheinbar haben), dem geht die Lebensfreude durch die Hintertür stiften. Unglückliche Menschen sehen immer zuerst die Risiken und nicht die Chancen, sie schauen besorgt auf das, was schief gehen könnte und sind besorgt, dass sie mal wieder zu den Verlierern gehören. Und wenn das dann eintrifft, fühlen sie sich bestätigt und haben einen Grund mehr, besorgt, ängstlich und vorsichtig zu sein. Und so entsteht ein Kreislauf, aus dem sie kaum herauskommen.

Geradezu entgegengesetzt ist die Sichtweise von glücklichen Menschen. Sie sehen das bereits halbvolle Glas und freuen sich an dem, was sie haben. Sie haben einen Blick für die positiven Dinge und kämen nie auf die Idee, lange darüber nachzugrübeln, warum es ihnen gut geht, sondern sie freuen sich einfach darüber. Ihre positive Grundstimmung hilft ihnen auch, mit Niederlagen besser fertig zu werden. Sie leben ausgeglichener, zufriedener, gelassener und sehen das Leben nicht als ihren Feind, sondern als Freund. Glückliche Menschen sehen auch eine Entwicklung in ihrem Leben und behalten den Überblick. Sie wissen, dass Höhen und Tiefen dazugehören. Und sie wissen, dass ihr Leben einen Sinn hat.

***Glückliche Menschen wissen,
dass es im Leben mehr gibt, als wir sehen.***

Glückliche Menschen wissen auch, dass es im Leben mehr gibt, als wir sehen. Das wiederum hat mit unserem Verhältnis zu Religion, Spiritualität – und letztlich zu Gott zu tun. Untersuchungen zur Auswirkung der Religiosität auf die Lebenszufriedenheit ergaben, dass Menschen mit starken, religiösen Bindungen (unabhängig von der Religionszugehörigkeit) in der Regel mit ihrem Leben zufrieden sind, während Menschen ohne religiöse Überzeugungen zur Unzufriedenheit neigen (Gerwood, LeBlanc und Piazza, Journal of clinical psychology). Sie haben vielleicht schon einmal das Sprichwort vom „Glauben, der Berge versetzen kann" gehört. Tatsächlich ist es so, dass der Glaube nicht nur Berge versetzt, sondern das Leben von Menschen komplett verändern kann. Wer sich bewusst für das Leben entscheidet und glücklich werden will, der kann das nicht, ohne die Frage zu beantworten, was das „Loch in der eigenen Seele" ausfüllen kann.

Wo ist Gott?

Wir haben in diesem Buch an mehreren Stellen darüber nachgedacht, wie wir unser Leben, uns selbst, unsere Beziehungen, unsere Vergangenheit und unsere Perspektiven sehen und beurteilen. Doch das ist nur die Hälfte der Geschichte. Wir sollten unseren Blick von uns selbst abwenden und einmal zu einem Höheren sehen und fragen, wie wir selbst gesehen werden.

Es gibt Menschen, die sagen: Es gibt keinen Gott. Innerhalb ihres Denksystems ist das auch schlüssig. Sie leben nach der Prämisse: „Ich lebe selbst und wenn ich sterbe, ist es aus!"

Doch auch diejenigen, für die es keinen Gott gibt, leben letztlich so, als wenn sie einen brauchen. Nur: Sie müssen selbst Gott für sich sein. Oder sie machen eine Idee oder eine Sache zum Gott. Wie viele Fußballfans leben von ihren „Fußballgöttern"? Wie viele Menschen hegen und pflegen ihre Autos so, als putzten sie jeden Samstag ihre Götterstatue? Wie viele Leute behaupten, es gäbe Gott nicht, aber in Notsituationen fangen sie an zu beten?

Nicht, dass ich hier falsch verstanden werde: Ich halte es immer für richtig, mit dem Beten anzufangen, aus welchen Gründen auch immer. Die stillen Gebete der Menschen, die eigentlich gar nicht an Gott glauben, zeigen doch, dass sie ein Gespür dafür haben, dass es letztlich doch Gott gibt.

Wer nicht an Gott glaubt, spielt sich selbst als Gott auf. Der bereits erwähnte Kabarettist Hanns Dieter Hüsch hat in seinem letzten Kabarettprogramm Gott als Kunstfigur eingeführt. Er sprach davon, dass er Gott in Dinslaken getroffen habe. Hüsch habe sich ihm als Kabarettist vorgestellt. Gefragt, wer er denn sei, habe Gott geantwortet: „Ich bin Gott". Darauf Hüsch: „Das kann ja jeder sagen." Worauf Gott geantwortet hat: „Das sagt auch jeder!"

Wer die Existenz Gottes leugnet, steht immer in der Gefahr, sich selbst als Gott aufzuspielen und sich selbst als „Maß aller Dinge" zu sehen. Dabei müssen wir aber erkennen, dass wir

Gott erst dann erkennen können, wenn wir aus unserem bisherigen Denksystem aussteigen. Sicher haben Sie von dem sowjetischen Kosmonauten Jurij Alexejewitsch Gagarin gehört. Er war der erste Mensch, der mit einem Raumschiff die Erde umkreiste. Als er wohlbehalten auf die Erde zurückkam, behauptete er: „Ich habe keinen Gott gesehen!"

Das lag aber vor allem daran, dass Gagarin in seinem (von Menschen erbauten) System saß. Er hätte nur aus seiner Kapsel aussteigen müssen und wäre Gott sofort begegnet ...

Als der russische Kosmonaut Jurij Gagarin mit seinem Raumschiff zur Erde zurückkehrte, bemerkte er: ‚Ich habe keinen Gott gesehen!' Das lag aber vor allem daran, dass Gagarin in seinem von Menschen erbauten System saß. Er hätte nur aus seiner Kapsel aussteigen müssen und wäre Gott sofort begegnet ...

Wer nicht an Gott glaubt, muss davon ausgehen, dass alle Religionen kompletter Unsinn sind. Aber lässt sich das wirklich durchhalten? Gibt es nicht diese stillen Momente, in denen uns klar wird, dass es etwas geben muss, dass hinter und über allem steht?

Selbst wie Gott sein

Kennen Sie Bruce Nolan? Er ist Fernsehreporter und mit seinem Leben ständig unzufrieden. Alles läuft schief. Die wirklich wichtigen Beiträge zur abendlichen News-Show dürfen immer die anderen machen. Für ihn bleiben nur die lokalen, netten Geschichtchen, die als erstes aus dem Programm genommen werden, wenn etwas Wichtigeres passiert. Und es passiert ständig etwas Wichtigeres. Auch seine wunderschöne Freundin vermag ihn nicht glücklich zu machen, denn er hat sein ganzes Augenmerk auf seine Arbeit und den beruflichen Erfolg gerichtet.

Doch gerade das ist das Problem: Je erfolgreicher und glücklicher Bruce werden will, desto mehr geht schief und desto unglücklicher ist er. Schließlich bricht es nach einem total verkorksten Tag, an dem er auch noch aus seiner Firma geflogen ist, aus ihm heraus: „Gott ignoriert mich! Gott ist ein fieses Kind, das mit einem Brennglas auf dem Ameisenhaufen hockt – und ich bin die Ameise."

Nachdem Bruce auch noch Ärger mit seiner Freundin bekommt, fährt er ans Meer und brüllt in den Nachthimmel: „Gott, antworte mir! Der einzige, der seinen Job nicht ordentlich macht, bist du!"

Eine beeindruckende Szene in dem Film „Bruce Allmächtig" mit Jim Carrey in der Hauptrolle. Sehr lebensnah. Ist nicht gerade das unser Problem mit Gott, dass wir uns von ihm nicht genügend berücksichtigt fühlen? Allen anderen geht es gut, alle sind glücklich, nur wir nicht?! Wie hieß es doch auf dem kleinen Zettel an der „Wunschwand": „Hallo Jesus, jetzt wird es aber langsam mal Zeit mit einem besseren Leben für mich und meine Frau. Jetzt bist du dran."

Kennen Sie solche Gedanken? Warum sind nur die anderen glücklich und ich nicht? Warum geht es den anderen so gut, hat Gott mich vergessen?

In dem Film „Bruce Allmächtig" nimmt die Geschichte eine erstaunliche Wende. Gott antwortet Bruce und lädt ihn ein, für eine Woche seine Arbeit zu übernehmen. Er verleiht ihm seine Allmacht mit allen Fähigkeiten. Nur zwei Bedingungen:

1. Er darf keinem sagen, dass er Gott ist.
2. Er kann nicht gegen den freien Willen der Menschen handeln.

Bruce setzt die Allmacht so ein, wie er es sich schon immer für sein Leben gewünscht hat: ein tolles Auto, er holt seiner Freundin die Sterne vom Himmel, er verändert die Situationen so günstig für sich, dass er bald wieder ein gefragter Reporter ist, der nur absolute Knüller-Stories zur Topp-Sendezeit liefert. Bruce setzt seine verliehene Allmacht nur zum eigenen Nutzen ein. Er nimmt Rache an seinem Rivalen und erhält dessen Anchorman-Stellung in der Hauptnachrichtensendung. Aber durch seinen Egoismus verliert er den Menschen, der ihn am meisten liebt. Glücklich oder unglücklich?

Die Sache hat noch einen Nebeneffekt, denn Bruce hört auf einmal Stimmen. Es handelt sich um die vielen Gebete, die an Gott gerichtet werden. Der Einfachheit halber stellt er die Gebete auf E-Mail um und lässt einen Schnellantwortmodus laufen, indem er alle Gebete mit „Ja“ beantwortet. Das Chaos ist perfekt. Es gibt auf einmal hunderte Lottogewinner in der Stadt, aber keiner ist glücklich, weil die Quote natürlich viel zu gering ist. Wer freut sich schon über einen Lottogewinn, wenn sechs Richtige nur 17 Dollar bringen? Bruce richtet ein Chaos nach dem anderen an, weil er mit der Rolle Gottes überhaupt nicht zurecht kommt.

Wirklich glücklich sein kann nur der,
der andere glücklich macht!

Schließlich lernt er eine wichtige Lektion: Wirklich glücklich sein kann nur der, der andere glücklich macht! Der Film endet mit einer Botschaft, die so einfach wie wahr ist: Sei selbst das Wunder!

Liebe weitergeben

„Wenn du auf dein Leben zurückblickst, dann wirst du merken, dass gewisse Augenblicke herausstechen, Augenblicke, in denen du wirklich gelebt hast – und das sind die Momente, in denen du aus dem Geist der Liebe heraus gehandelt hast. Alles andere hat nur kurzfristige Bedeutung. Die Taten der Liebe aber, von denen kein Mensch je erfahren hat oder erfahren wird, sie bleiben bestehen", hat der schottische Theologe Henry Drummond geschrieben.

Liebe ist das Schlüsselwort. Wir sind uns sicher einig darin, dass wir Liebe für einen der wichtigsten Faktoren in unserem Leben halten. Ich behaupte einmal, dass 99 Prozent aller Menschen vor allem eins wollen: geliebt werden. Eine gute Familie, in der wir aufgewachsen sind, kann uns glücklich machen. Ein Beruf, der uns zufrieden stellt, kann uns glücklich machen. Das Erreichen von Zielen und die Bewältigung von Aufgaben kann uns glücklich machen. Das Zusammensein mit guten Freunden kann uns glücklich machen. Aber all das ist nichts gegen das Gefühl, das uns überkommt, wenn wir spüren: Wir werden geliebt!

Nichts ist wichtiger als das Wissen: Ich werde geliebt.

Das Gefühl und das Wissen, geliebt zu werden, ist der Himmel auf Erden. Vielleicht ist Ihnen auch schon mal aufgefallen, dass der Himmel oft als Sinnbild für unser Glück gesehen wird. Der Himmel spielt für alle Menschen eine größere Rolle als ihnen vielfach bewusst ist. Die Werbung benutzt diesen Begriff ständig: Ob uns ein bestimmtes Produkt in den „siebten Himmel" bringt oder ob man in einem neuen Bett „einfach himmlisch" schläft. Der Himmel ist immer dabei, wenn es darum geht, Schönheit und Glück zu beschreiben.

Es gibt einen schönen Witz über den Himmel, der eine Situation am Eingang zum Himmel beschreibt. Statt Petrus bilden Adam und Eva das Empfangskomitee. Jeder von ihnen hält eine Obstschale in der Hand und gibt jedem Neuankömmling ein Stück Obst. Dabei entschuldigen sie sich überschwänglich für den Schlamassel, den sie damals im Paradies angerichtet haben.

Wir denken oft an den Himmel und wünschen uns ihn in

unser Leben, weil wir mit ihm das Glück verbinden. Es gibt ein englisches Lied, das den Himmel in allen Facetten ausmalt und schließlich den Wunsch der Zuhörer weckt, unbedingt dort sein zu wollen. Doch die Ernüchterung folgt dann in der letzten Zeile der letzten Strophe. Dort heißt es nämlich: „Jeder möchte gerne in den Himmel, aber niemand möchte sterben!"

Wir sehnen uns nach einer glücklichen, heilen Welt – und stellen doch immer wieder fest, dass sie so ganz anders ist als unsere Wünsche. Wir möchten gerne für andere „ein Wunder" sein und ihnen unsere Liebe zeigen, ihnen zeigen, dass sie uns wichtig sind und dass wir sie lieben, aber: Wo nehmen wir die Liebe her? Gibt es eine Quelle, die nicht versiegt?

Eine Antwort auf diese Frage habe ich bei Jesus Christus gefunden. Kein anderer Mensch hat die Weltgeschichte so beeinflusst wie er. Seine Lebensgeschichte, die im zweiten Teil der Bibel aufgeschrieben wurde, ist in über tausend Sprachen übersetzt worden. Wer Jesus Christus betrachtet, der findet die Liebe in Person. Das hat über die Jahrhunderte viele Menschen dazu gebracht, in ihm einen „guten Menschen" zu sehen. Die Sache hat nur einen kleinen Haken. Jesus Christus hat etwas behauptet, das entweder stimmt oder aber ihn zu einem der größten Lügner der Weltgeschichte macht. Er hat behauptet, der Sohn Gottes zu sein. Nicht einer *der Söhne*, sondern *der* Sohn Gottes.

Der englische Literaturprofessor C.S. Lewis hat diese Aussage zum Anlass genommen, um klarzustellen: Entweder war Jesus verrückt oder er war böse (was dagegen sprechen würde, dass er ein guter Mensch war, oder aber es stimmte, was er von sich behauptete.

Damit hat Lewis tatsächlich alle Möglichkeiten aufgelistet.

Wer an die Quelle des Lebens will, der wird an Jesus Christus nicht vorbeikommen, denn er hat von sich behauptet: „Ich bin der Weg, die Wahrheit und das Leben."

Wer also das Leben haben möchte und sich für das Leben entscheiden will, der sollte sich mit Jesus Christus beschäftigen.

Echtes Leben finden

Da gibt es eine Begebenheit an einem Brunnen in der Mittagshitze. Eine Frau kommt, um Wasser zu holen. Jesus sitzt am Brunnen und will sich von den Strapazen erholen. Es entwickelt sich ein Gespräch, weil Jesus sie um Wasser bittet. Doch die Frau wusste genau, was sich gehörte. Für einen Juden gehörte es sich nicht, eine samaritische Frau anzusprechen, denn die beiden Volksgruppen waren verfeindet. Daher fragte sie ihn: „Warum bittest du mich um Wasser?"

Jesus antwortete: „Wenn du wüsstest, was Gott dir geben will und wer dich hier um Wasser bittet, würdest du mich um das Wasser bitten, das du zum Leben brauchst."

Die Frau merkte nicht sofort, worauf er hinauswollte, daher erklärte Jesus es näher: „Jeder, der dieses Wasser trinkt, wird bald wieder durstig sein. Wer aber von dem Wasser trinkt, das ich ihm gebe, der wird nie wieder Durst bekommen. Dieses Wasser wird in ihm zu einer Quelle, die bis ins ewige Leben fließt."

Das war es, was diese Frau wirklich suchte. Sie wollte leben und glücklich sein, aber sie hatte das Glück bisher immer an den falschen Stellen gesucht. Im weiteren Verlauf des Gesprächs wird ihr bewusst, dass sie ein Problem hat: Sie hatte zu viele Männer und konnte doch nicht genug davon bekommen. Ihr wurde selbst klar, dass ihr Glück – oder das, was sie dafür gehalten hatte – überhaupt keins war. Sie brauchte immer Nachschub. Glückliches Leben sah anders aus. Was suchte sie bei den Männern? Liebe, Sicherheit, Geborgenheit, Sex, gesellschaftliches Ansehen, ein Zuhause, soziale Absicherung, ein bisschen Unterhaltung? Sie hatte das Bild verstanden: Sie blieb durstig, obwohl sie eigentlich dachte, sie hätte gefunden, was ihren Lebensdurst stillen könnte. Jesus bot ihr ein ganz anderes Leben an. Er machte ihr klar: Gott möchte nicht, dass wir weiter abgestandenes Wasser trinken, wenn es eine Quelle gibt, bei der wir uns jeder Zeit bedienen können.

Das Glück kommt von innen. Richtig glücklich können wir

Menschen erst sein, wenn es in uns verankert ist und nicht nur von äußeren Umständen oder glücklichen Situationen abhängig ist. Unser Glück liegt weder an günstigen Umständen noch an Dingen, die wir uns kaufen können. Hier liegt der eigentliche Schlüssel zum Glück.

Diese Erkenntnis kann Konsequenzen haben. Unsere Erfahrung zeigt, dass wir die Dinge, die wir mit aller Macht haben möchten, meistens nicht bekommen. Oder aber sie gleiten uns gerade in dem Moment, in dem wir sie zu fassen glauben, wie Sand durch die Finger. „Das Glück ist wie ein Schmetterling. Jage ihm nach und du wirst ihn nicht fangen. Setz dich hin, und er lässt sich auf deiner Schulter nieder."

Das eigentliche Geheimnis des Glücks liegt im Loslassen. „Wer sein Leben zu erhalten sucht, der wird es verlieren. Wer es verlieren wird, der wird es gewinnen", sagte Jesus. Das stellt unser Denken und unsere Welt auf den Kopf. Ohnehin hat Jesus überraschende Aussagen über das Glück getroffen, die so ganz anders sind als wir es uns denken: „Glücklich sind die Trauernden", „Glücklich sind die Sanftmütigen", „Glücklich sind die Barmherzigen" oder auch „Glücklich sind die Friedensstifter". Scheint gar nicht so einfach zu sein! Denn es widerstrebt unserem Naturell, in dieser Weise glücklich zu sein.

Der Film „Bruce Allmächtig" hat mir eines gezeigt: Solange wir mit aller Macht glücklich sein wollen und nur an uns denken, werden wir uns nur lächerlich machen und ein großes Chaos um uns herum verbreiten. Wenn wir aber das Glück, das wir selbst gefunden haben, an andere weitergeben, dann können wir tatsächlich ein Wunder für andere sein. „Das Glück ist das einzige, das sich verdoppelt, wenn man es teilt", hat der Mediziner, Theologe und Philosoph Albert Schweitzer einmal geschrieben.

Etwas verdoppelt sich, wenn man es teilt? Komische Logik. Wenn wir dann noch eine Quelle haben, die nie versiegt, dann müssten wir zu den glücklichsten Menschen der Welt gehören. Wie sagte Bruce Allmächtig zum Schluss des Films? Seien Sie selbst das Wunder!

Dankbarkeit für die Vergangenheit,
Freude an der Gegenwart
und Hoffnung für die Zukunft
und das im selben Augenblick!
Man ist der glücklichste Mensch der Welt!

Verfasser unbekannt

Ulrich Giesekus

Liebe, die gelingt

und den Alltag besteht

128 S., Paperback,
mit vielen Illustrationen von
Jan-Philipp Buchheister
ISBN 3-7655-1341-5

Beziehungsfrust statt Beziehungslust?! Männer und Frauen sind eben verschieden. Doch dieser Unterschied ist kein Zufall. Deshalb muss das Unternehmen Partnerschaft nicht am Unterschied zwischen Mann und Frau scheitern, sondern hat Perspektive.

BRUNNEN VERLAG GIESSEN
www.brunnen-verlag.de

Gary Chapman

Die fünf Sprachen der Liebe für Familien

400 S., gebunden,
ISBN 3-7655-1841-7

So wird Ihr Familienleben ausgeglichener und herzlicher

Wir können sicher sein: Nicht jeder in der Familie spricht und versteht dieselbe Sprache der Liebe. Für ein stabiles Familienleben ist es von grundlegender Bedeutung, dass wir die Sprache der anderen verstehen und gebrauchen lernen. Damit haben wir etwas Entscheidendes in der Hand, um:

- ein harmonisches Zusammenleben zu fördern
- die Bedürfnisse aller Familienmitglieder zu erfüllen
- Liebe auszudrücken
- Stress-Situationen zu meistern
- mit Zorn und Aggression umzugehen

BRUNNEN VERLAG GIESSEN
www.brunnen-verlag.de